犀の角のようにただ独り歩め

――「スッタニパータ」

現代の地政学

晶文社

装丁　アジール（佐藤直樹＋遠藤幸）
帯写真　ただ（ゆかい）

まえがき

地政学的な見方が、重要になっている。真理は具体的なので、英国のＥＵ（欧州連合）離脱について考察してみよう。二〇一六年六月二三日、英国でＥＵからの離脱を問う国民投票が行われた。

即日開票の結果、離脱票が残留票を上回った。28カ国からなるＥＵから脱退する初の加盟国となる。第2次世界大戦後、拡大と深化を続けてきた欧州統合は、歴史的な転換点を迎えた。残留を訴えていたキャメロン首相は24日、辞意を表明した。

選挙管理委員会が24日に発表した開票結果によると、「離脱」は１７４１万７４２票（51・9％）、「残留」は１６１４万１２４１票（48・1％）、無効票が２万５３５９票だった。投票率は72・2％で、昨年5月の総選挙の66・1％を上回った。

（二〇一六年六月二四日「朝日新聞デジタル」）

この種の重要事項が国民投票にかけられた場合に、どちらの結果であろうと僅差で国家意思が決定されると禍根を残す。一九世紀からヨーロッパ大陸と連携するか、「名誉ある孤立」を選ぶかの間で英国の国家意思は揺れていた。巨視的に見れば、第一次世界大戦後の英国は、ヨーロッパ大陸との連携路線を取っていた。それが今回孤立主義に向かうということだ。これは、米国のトランプ現象と相似する動きだ。ここで地政学の補助線を入れてみよう。英国と米国が孤立主義を選択することができるのは、海洋国家だからだ。

今回の国民投票を決定した保守党のキャメロン首相は、辞意を表明したが、よもや英国民がEUからの離脱を選択するとは思っていなかったようだ。

国民投票は、与党・保守党の党首を務めるキャメロン氏が2013年に公約に掲げた。ユーロ危機のあおりで不況が続き、反EUの声が高まったことが背景にあった。最近では、後からEUに加盟した東欧諸国などからの移民が増え、社会保障費が減らされ、職を奪われるという危機感も国民に広がっていた。

投票に向けたキャンペーンでは保守党が分裂。ボリス・ジョンソン前ロンドン市長ら離脱派は、移民問題に焦点を絞り、「EUにとどまる限り移民は減らせない」と主張した。EUから出て、英議会の主導権を取り戻すべきだとも説いた。

一方、キャメロン氏ら残留派は、「離脱は国民の家計にしわ寄せが行く」と経済面での悪影響を説いた。オバマ米大統領ら各国首脳も残留を呼びかけた。投票日1週間前の16日に残留支持だった女性下院議員の射殺事件が発生。残留派が巻き返したものの、離脱派の勢いは衰えなかった。

最大野党の労働党は残留支持を掲げたが、党内をまとめ切れていなかった。労働党支持者が多く、残留派が多いとみられていた中部の工業都市ニューカッスルでは残留が50・7%、離脱が49・3%と伯仲。日産自動車が工場を置く近郊のサンダーランドでも離脱が61・3%を占めた。

（前掲「朝日新聞デジタル」）

残留を訴えた保守党、労働党の政治家は、合理性を基準に思考している。データを提示し、離脱による国民の損失を実証的に訴え、合理的基準から国民が残留を選択すると想定した。この想定が外れたことの意味は大きい。なぜなら、多くの国民からこのような合理的主張が、エリート層の権益を擁護するための口実と受け止められたからだ。EU離脱派が勝利したのは、英国における「大衆の反逆」なのである。そして、この「大衆の反逆」の底流に流れているのが「われわれは、ヨーロッパの大陸国家とは異なる海洋国家である」という地政学的な認識だ。

離脱は、明確なデータを提示せずに、移民によって国民が犠牲になっている、英国の経済的停滞はEUに経済的主権の一部を奪われているからだという類の情念に訴える主張をした。このような主張が繰り返し有権者の耳に入るうちに英国の政治文化が変容した。英国では、政治問題について、いくら激しい論戦になっても、政治家が摑み合いの喧嘩や暴力に訴えることはなかった。この平和的な政治文化が、六月一六日、英国中部リーズ近郊の町バーストルで労働党の女性下院議員ジョー・コックス氏（四一歳）が銃で撃たれて死亡したことによって変化した。英国政治にテロという選択肢が加わった。政治テロが、今後、拡大することが懸念される。自由や民主主義、人権尊重といった価値観よりも、地政学と結びついた国家の生存本能という発想が、一部の英国人の魂をとらえているので、このようなテロ事件が起きたのだ。

今後、政治的に懸念されるのは、スコットランドがＥＵ残留を求めていることだ。

英国が23日の国民投票で欧州連合（ＥＵ）からの離脱を決めたことを受けて、英北部スコットランド自治政府の首席大臣を務めるスコットランド民族党（ＳＮＰ）のニコラ・スタージョン党首は24日、「スコットランドの人々がＥＵの一部としての未来を望んでいることがはっきりした」との声明を出した。

スコットランドは投票した住民の過半数が「残留」を支持。英国からの独立は２０１4年9月の住民投票でいったん否決されたが、スタージョン氏はスコットランドの住民の意思に反して英国がＥＵを出ることになれば、独立を求めて住民投票の再実施を求める声が強まると示唆していた。

（二〇一六年六月二四日「朝日新聞デジタル」）

スコットランドの動静は、他の地域の分離独立運動にも無視できない影響を与える。EU加盟国内でも、スペインのバスク地方とカタルーニャ地方、オランダのフランデル地方でも分離独立の動きが強まる。そしてEUの権力基盤が急速に弱体化するリスクがある。

さらにスコットランド情勢が、日本にも飛び火する可能性がある。米空軍嘉手納基地に勤務する米軍属（元海兵隊員）による沖縄の女性殺害事件と、米海兵隊普天間飛行場の移設を口実とする辺野古新基地建設の強行によって、沖縄県民の東京の中央政府に対する怒りと不信感は、限界に達しつつある。スコットランドの独立派に鼓舞されて、沖縄でも自己決定権を回復し、日本から分離独立する動きが高まる可能性が十分ある。もっとも、首相官邸も外務省も、英国とEUの関係だけに眼を奪われて、スコットランド情勢が沖縄に与える影響についてはまったく気付いていないようだ。少数派の意思を無視する多数派による決定は、どの国でも大きなトラブルを引き起こしかねない。英国とヨーロッパ大陸の地政学的緊張から生じた今回の騒動が、日本を含む全世界に影響を与えるような時代になった。もはや地政学に鈍感では、国際情勢から取り残されてしまう。

二〇一六年六月二八日記

現代の地政学　目次

第一講　地政学とは何か

第二講　ハートランドの意味

第三講　ヨーロッパと中東

第四講　海洋国家とは何か

第五講　二一世紀の地政学的展望

第一講

地政学とは何か

最も危険な理論

では、時間になったから始めましょう。佐藤優です。よろしくお願いします。

この講座は人数が少ないから、できるだけ双方向性を担保しながら進めます。私が話している途中で、これはちょっとおかしいとか、わからないと思ったら、手を挙げて質問してください。話が全然見えないとか、前提となる知識がないからその説明をしてくれということがあったときも、まず手を挙げて。双方向性を担保しながら、きちんとみんなの理解を積み上げながら講義を進めていこうと思っています。

この講座は「現代の地政学」としましたが、いまからお話しするのは、ものすごく怪しげなことです。まともな大学教科書なんかに載るような話ではありません。

最近、地政学の本がいろいろ出ています。古典的なものでは、中公新書の曽村保信さんの『地政学入門』や、H・J・マッキンダーの『マッキンダーの地政学』などがあります。この中で地政学に強い関心を持っている人は、すでにこういったものを手に入れたり読まれたりしていると思いますが、そうでない皆さんにも読んでおいてもらいたい本ではあります。

とくに原書房から出ている『マッキンダーの地政学』は、三二〇〇円プラス税と高いけれども、読んでおくに値する本です。なぜなら英語でこれを読むのはなかなか大変だから。翻訳になっているテキストは、極力翻訳を使うほうがいい。よく「訳がなってない」とか言って文句をつける人がいるけれど、だったら自分で訳してみろという話ですよ。翻訳のミスを見つけるのなんて簡単で、翻訳をきちんとこなす語学力が一〇だとしたら、一ぐらいの力でできますからね。だから日本語の訳があるものは、基本的に訳に頼ってしまうのが一番いいんです。もしどうしてもわからない箇所があるときは原文を参照する。そういう読み方を勧めます。

今回の講座では、主としてこのマッキンダーをテキストとして進めていきます。それだからちょっとお金がかかって申し訳ないけれど、原書房から出ている『マッキンダーの地政学』を買ってください。あるいは図書館から借りて持ってきてもいい。それからもう一つ、何でもいいから、高校の「地理B」の教科書を一冊手に入れてください。

『マッキンダーの地政学』というタイトルは、看板に偽りありなんですよ。マッキンダー自身は地政学という言葉は、この本の中で一回も使っていないから。ではなぜみんなマッキンダーを地政学と結びつけて考えるかというと、マッキンダーの思想の影響を受けたナチスの理論家のハウスホーファーが地政学という言葉を使い、マッキンダーをひんぱんに引用したからです。マッキンダーの本の原題は、いまコピーを配りましたが、『民主主義の理念と現実』(Democratic Ideals and Reality)です。

この本は、一九一九年、第一次世界大戦が終わった翌年に出ました。ところがナチスが台頭してくるまでは、ほとんど注目されなかった。

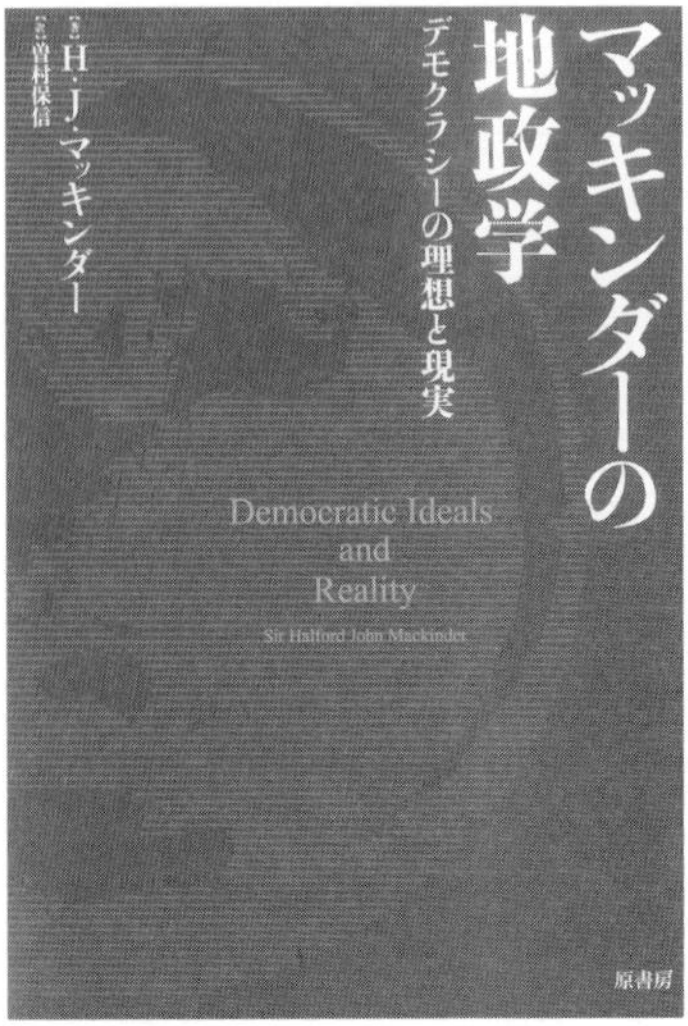

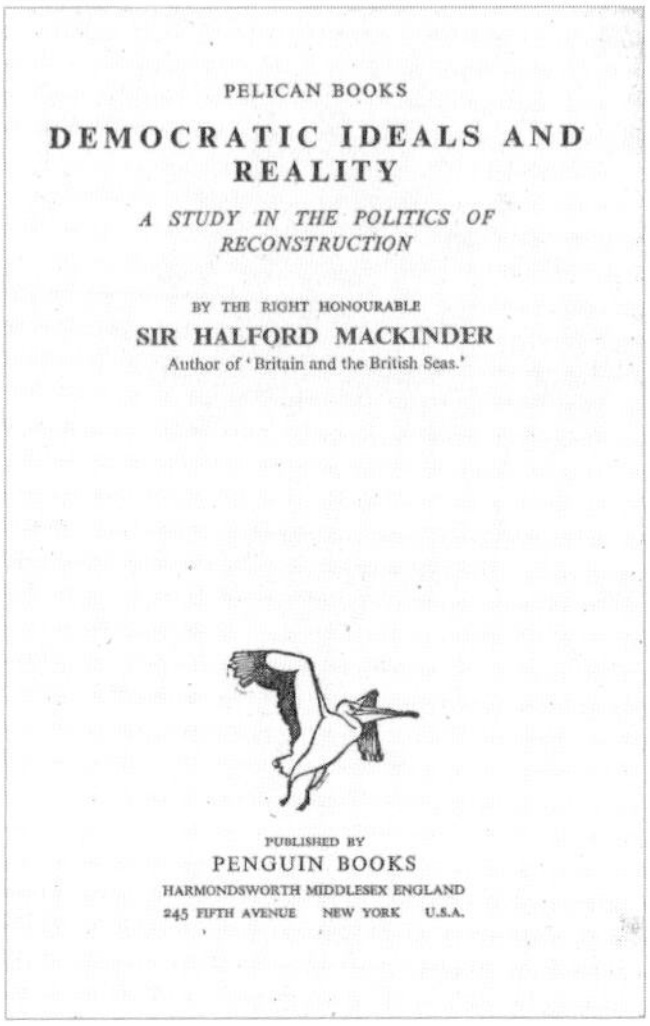
PELICAN BOOKS

DEMOCRATIC IDEALS AND REALITY

A STUDY IN THE POLITICS OF RECONSTRUCTION

BY THE RIGHT HONOURABLE

SIR HALFORD MACKINDER

Author of 'Britain and the British Seas.'

PUBLISHED BY

PENGUIN BOOKS

HARMONDSWORTH MIDDLESEX ENGLAND

245 FIFTH AVENUE NEW YORK U.S.A.

"Democratic Ideals and Reality", Pelican Booksと、『マッキンダーの地政学』（原書房）

それで私もこのへんはマニアックだから、今日の講義に間に合うようにイギリスから実物を購入しました。けっこう高かった。イギリスのペリカンシリーズから出ていますが、今とはペリカンの顔もだいぶ違うでしょう。会場に回しますので、皆さんちょっと覗いてみてください。

見ればわかるようにそれほど分厚い本じゃない。ポケットに入れて読めるような新書ですね。通俗化した本でもある。だからこそ影響力があるんですよ。

あとは、最近出た『第3次世界大戦の罠』という、東京大学名誉教授の山内昌之先生と私の対談書があります。これは地政学をかなり意識しながら話していますが、主に中東地政学の話だから、ちょっとメインストリームの地政学から

晶文社　愛読者カード

お名前《ふりがな》　（　　歳）　ご職業

ご住所　〒

Eメールアドレス

お買上げの本の
書　　　名

本書に関するご感想、今後の小社出版物についてのご希望などお聞かせください。

ホームページなどでご紹介させていただく場合があります。（諾・否）

<table>
<tr><td>お求めの
書 店 名</td><td colspan="2"></td><td>ご購読
新聞名</td><td></td></tr>
<tr><td rowspan="2">お求め
の動機</td><td>広告を見て
（新聞・雑誌名）</td><td>書評を見て
（新聞・雑誌名）</td><td>書店で実物を見て</td><td rowspan="2">その他</td></tr>
<tr><td></td><td></td><td>晶文社ホームページ〃</td></tr>
</table>

ご購読、およびアンケートのご協力ありがとうございます。今後の参考にさせていただきます。

郵　便　は　が　き

恐れ入ります
すが、52円
切手をお貼
りください

101-0051

東京都千代田区
神田神保町1-11

晶文社行

◇購入申込書◇

ご注文がある場合にのみ
ご記入下さい。

■お近くの書店にご注文下さい。
■お近くに書店がない場合は、この申込書にて
直接小社へお申込み下さい。
送料は代金引き換えで、1500円(税込)以上の
お買い上げで一回230円になります。
宅配ですので、電話番号は必ずご記入下さい。
※1500円(税込)以下の場合は、送料530円
(税込)がかかります。

(書名)	¥	(　　)部
(書名)	¥	(　　)部
(書名)	¥	(　　)部

ご氏名　　　　　　　　　　印　　TEL.

ご住所 〒

は外れるところがあります。

ユーラシアとは何か

地政学というのは基本的にはユーラシアの話なんです。もっと言うと、東欧の話。東欧を押さえることができればユーラシアを押さえることができて、ユーラシアを押さえることができれば世界を押さえることができるという、そういう作業仮説であって、一種の陰謀論的な要素が強いものなわけです。

ところで、ユーラシアって何でしょう？　具体的にどこからどこまでがユーラシアになるんでしょうか？　ユーラシアのユーロというのはヨーロッパのことですよね。ヨーロッパとアジアを合わせた地域がユーラシアですが、それではアジアというのは、どこからどこまでを指すんでしょう？　これは難しい。アジアというのは、そもそも今でいうところのトルコとか、シリアとか、ダーダネルス・ボスポラス海峡よりも東側の地域を指したわけで、一昔前まで言うところの「近東」です。でも最近は近東とか極東という言い方はあまりしない。外務省に、一昔前までは中近東・アフリカ局がありましたが、現在は中東・アフリカ局です。ところで、この言い方でいうと日本は極東だけど、これはなぜこういう言い方になっているんでしょうか。だってわれわれはアメリカから一番近いアジアじゃない。

これは視座がどこにあるのかという問題です。つまりヨーロッパから見て遠いということ。ヨーロッパから見て世界のはずれということで「極東」になるんです。

だからこんなふうに、いろんな言葉には必ず、その拠って立っているところ、認識を導くところの利害関心があるわけです。だからわれわれは、そこを理解しないといけない。かといって日本の大東亜共栄圏の思想みたいに、「だから西洋のものはダメなんだ」という考えに立ってもダメなんです。というのは、残念ながら現代は西洋が世界を支配してしまっていて、その構造の中にわれわれも巻き込まれているから。

じゃあ西洋に支配されている証拠は何か？　この中で和服を着てる人、一人もいないでしょう。一応、みんな洋服だよね。あるいはいま私が着ているかりゆしウェアだって洋服もどきです。じゃあ、われわれは外圧で洋服を着てるの？　内発的に着てるの？　皆さん、こういうこと考えたことないでしょう。

憲法も洋服と一緒です。今のいわゆる保守派や右派の人は、「日本国憲法は押しつけ憲法だからけしからん」と言う。それなら洋服もけしからんのじゃないか。あるいは大日本帝国憲法にしても、主体が国民ということにするならば、あれだって押しつけ憲法でしょう。あれは官僚たちが勝手につくった欽定憲法で、国民にしてみればある日突然降ってきたわけだし、なおかつ、外国人が作成に関与していますね。その意味においては押しつけられた憲法で、ただそれがないと関税自主権と治外法権の撤廃ができないから、ということでつくったものなんです。

じゃあユーラシアと言った場合に、アジアとヨーロッパの境界線ってどこにあるんでしょう？　チャップリンの娘、ジェラルディン・チャップリンが出ている『ドクトル・ジバゴ』というハリウッド映画を観たことがある人はいますか？　あるいはパステルナークが書いた『ドクトル・ジバゴ』を読んだことがある人は？　その中に、「あそこがウラル山脈だ」というシーンが出てきます――実際の映画は東西冷戦中に撮られているから、映っているのはウラル山脈じゃなくてピレネー山脈だけど――。要するにヨーロッパからシベリアのほうに渡っていくところにある山脈で、そのウラル山脈をもってして、ヨーロッパとアジアは分かれると言われているわけです。ウラル山脈って実は全然高くないんです。九〇〇メートルぐらいのちょっとした丘みたいなものだから。

ロシアにはユーラシア主義という考え方があります。これは地政学に基づいた考え方です。今、世界で地政学を基本として国家を動かしている国、かなり明確に地政学をもって動かしているのは、恐らくロシアとドイツだと思います。しかし両国とも、それを表には出さない。ドイツは特にそうです。どうしてだと思います？

ドイツ人って、そもそも地政学的な発想をする人たちです。地政学で有名なカール・ハウスホーファーもドイツ人で、彼の主張がナチス・ドイツの公認イデオロギーになった。いまのドイツ人は、ナチス・ドイツと自分たちの連続性を指摘されるのを非常に恐れるんです。

皆さんの中で、ドイツで暮らした経験のある人はいますか？　ドイツに行くとゴミの分別がすごく厳しいでしょう。だいたい一六～一七種類ぐらいに分別しています。ドイツ製のビールなんて、瓶の栓をちょっと外すだけで、また洗って使えるようになっているでしょう。そういう再利用できるようなビンから、最後は焼いて捨ててしまうものまで、リサイクルのために細かく分けるわけです。有用なものと、少し改造すれば有用になるものと、まったく使えないから廃棄してしまうものまで、実に細かく厳密に分ける。つまり、あの人たちの分類の思想は変わってないわけです。この前まではその分類を人間でやっていたわけだから。

使える人間は徹底的に労働力として使用して、そして使えなくなったら焼却するという分類をしていたわけで、分けたくて分けたくてしょうがないんです。ドイツ人の発想には、この分類学とか、あるいは土地や血筋と結びついた物語をつくりたがるという、こういう傾向があるわけなんです。

地政学とは「物語の逆襲」

「現代の地政学」というこの五回の講座の中で、私が何をやりたいかというと、他の本にあるような「地政学概説」とか、そういうことではありません。実は地政学というのは、「物語の逆襲」という世界なんです。このことを言いたいんですよ。

バブルの時期、池袋ってどんな感じの場所だったか覚えていますか？　とくにこのパルコや西武デパートのあるあたり。まさに「文化は池袋から生まれるか、それとも渋谷から生まれるか」という、そういう感じだったでしょう。

私は皆さんと比べて二つ欠点がある。同時代の他の有識者や学者さんと比べて、皮膚感覚でわからないことが二つあるんです。一つがバブル経済。もう一つはポストモダニズム。例のニューアカ（ニューアカデミズム）というのが私には全然わからない。どうしてかというと、私は一九八六年の六月からイギリス陸軍語学学校に留学して、その翌年九月から一九九五年の三月まで、ずっとモスクワで勤務していたから。つまりポストモダンの嵐とバブルの嵐が吹き荒れた時期、私は日本にいなかったんです。そのころ日本から来る新聞記者たちと会うと、みんなえらく景気がいいなと思ったけれど、それだけでした。

それで私が二〇〇六年に『獄中記』という本を岩波書店から出したとき、柄谷行人さんが非常に注目してくださって、朝日新聞に書評を書いてくれたんです。彼は「恐ろしく道具立ての古いやつが出てきた」と言っています。要するに一九七〇年代までの道具しか使ってないということです。一九八三年に浅田彰さんの『構造と力』が出た「浅田革命」以降の、いわゆるポストモダニズムの影響がすぽっと抜け落ちて、ものすごく古い道具立てで、ものごとを見て分析している。しかもこいつの考え方ってヘーゲルの精神現象学の考え方じゃないか。二〇〇〇年ぐらい前の装置を使って今の日本を見ている。だからおもしろい、という形で評価してくださったんだけれども、非常に鋭い見方だと思います。

ニューアカデミズムの考え方というのは、「大きな物語なんて意味がない、小さな差異を追いかけていかないといけない」というものです。浅田彰さんは『構造と力』のあと『逃走論』を出して、結局二冊しかまとまった本を出してないけれども、そのなかで、「シラケつつノリ、ノリつつシラケる。それで小さな差異の戯れをしていく」ということを言った。

その後、ドゥルーズとかデリダとかラカンなどがものすごく読まれるようになって、私たちの世代はそれに熱中したわけです。ところが私はそのころモスクワにいて、日本から持っていった『宇野弘蔵著作集』を読んだり、当時ソ連でようやく解禁になったベルジャーエフとか、セルゲイ・ブルガーコフとか、シュペットとか、そんなものを読んだりしていた。

ところでそういうポストモダニズムの本を、日本で一番一生懸命読んでいたビジネスパーソンって、どの人たちだったでしょう？　電通と博報堂の人たちだよね。広告代理店の人たちが、小さな差異からクリエイティブなものを創り出していこうとした。大きな物語というのは全部まやかしだから、小さな差異の中において、物語をつくっていくという形で価値を創造しようとした。

これがある意味では、われら一九六〇年代から七〇年代の初めぐらいまでに生まれた人たちの間の常識になっているんです。人間は本質において物語をつくる動物です。だから知的な訓練を受けた人たちが物語づくりという作業を放棄してしまうと、その空いた隙間にあまり知的な訓練を受けていない人たちが入ってきて、物語をつくろうとする。この人たちは非常にきまじめではあるけれど、基本的な学術的訓練を受けていないから最終的には毒ダンゴのような大きな物語になってしまう。あえて名前は挙げませんが、そういう政治漫画家とかが出てくるわけです。

インテリジェンス機関の最悪情勢分析

その姿は今の地方書店を見ると端的にわかります。地方書店に行って、単行本のコーナーを見てみてください。中心にあるのは中韓ヘイト本。そのとなりにあるのが日本礼讃本。これは裏と表の関係にあります。さらにあるのは自己啓発本。おもしろいのは、こういう本をどういう人たちがつくっているかですよ。私は本づくりの生産者側にいるからわかるんですが、これは二通りに分かれます。

一つは五〇代後半以降、私の世代よりちょっと上で、会社のラインからは外れている編集者。それでどうもおもしろくなくて、世の中に対する不満がある。たぶん家に帰ったら2ちゃんねるの書き込みとか、アマゾンの荒らしとかにエネルギーをかけているやつらだと思いますが、そういう編集者がつくっているパターン。

もう一つは、それを本気で信じている人たちがつくっているパターン。あるとき、驚いたことがあるんです。副島隆彦さんという私がすごく尊敬している作家がいます。副島隆彦さんは陰謀論の先生といわれているけれど、彼は「自分がやっているのは陰謀論ではなく、共同共謀史観である」と主張しています。それであの人は米国のインテリジェンスに強いシンクタンクとすごくいい関係を持っているんですね。

シンクタンクでは、最悪情勢分析というものをやります。これはロシアでも、イスラエルのインテリジェンス機関でもそうです。荒唐無稽な話ではなく、現実的に、今、最悪の事態としてどういうことが想定し得るかを徹底的に予見する。

たとえばイランのロウハニ政権がIAEA（国際原子力機関）との合意を無視して、核開発に走るとする。アメリカはそれを阻止することができないので、イランは一〇カ月後に広島型の原爆を持ってしまい、その小型化作業に入るかもしれない。これはあり得るシナリオです。

その場合、サウジアラビアがその状況を見て、サウジアラビア＝パキスタン秘密協定を発動させ、パキスタン領内にある核弾頭のいくつかをサウジの領域内に移すとする。サウジの領域に核弾頭が移ったことによって、NPT体制（核不拡散体制）が崩壊して、その結果、アラブ首長国連邦、カタール、クウェート、オマーンが核兵器をパキスタンから購入する。エジプトは自力で核を開発する。ヨルダンも自力で核を開発するようになるかもしれない。

今、核を購入する国と核を開発する国に分けました。どうしてでしょう？　基礎的な学術水準の違いがあるので、核をつくれる国とつくれない国があるからです。

それで核拡散が起きる。そこでＮＰＴ体制が崩壊する。ＮＰＴ体制が崩壊すると、ブラジルやアルゼンチンも核を持つようになる。その影響は極東に現れてきて、北朝鮮のみならず、韓国と台湾が核兵器を持つようになるかもしれない。

そうなったときにどうなるか。それでも恐らく日本は核兵器を持てないと思います。なぜならアメリカの核の傘の下にあるから。その傘を外すということに対しては、アメリカも周辺国も全部反対するはずです。何でそういうことになるかと言えば、日本は第二次世界大戦で全世界を敵に回して戦った実績があるから。そういう国は核を持てないんです。だから日本とドイツは最後まで核を持てないと思います。

それで他の国が核を持つような時代になると、竹島問題にしても、慰安婦問題にしても、第二次世界大戦中の徴用工問題に関しても、核を持った韓国と日本は外交で交渉していかないといけないから、これは相当押し込まれるようになる。こういうのが最悪情勢分析です。

副島さんという人は、そこのところをおもしろおかしくアレンジして書くけれども、それは作家としての才能なんですね。だから副島さんは、ものごとを突き放して見る訓練がよくできた知識人です。

物語が持つおそるべき力

　副島さんと仕事をするには、まず関門となる質問をされるんです。それは「あなたは人類は月面に到達したと思っていますか？」という質問。彼は『人類の月面着陸は無かったろう論』というのを唱えていて、それで第一四回トンデモ本大賞を受賞しています。それに対して私はこう答えた。

「私は信じています。なぜならば私はキリスト教徒で、死者が三日目に復活したということを信じているぐらいですから、人類が月面に到達したぐらいのことは信じるんです」

　そうしたら副島さんは、

「信じている、信じていないという話ならいいですよ。あれが事実だと主張するのなら、それはやっぱり挙証していただかないと困るから、いろいろ議論しようと思っていました」

　つまり副島さんが「人類は月に行っていない」と言うのはどういうことかというと、それは論理実証主義と反証主義の話で、ウィーン学団の話なんですね。人間が厳密に証明できることは、実はものすごく限られているということです。要するに世の中においては相当のことが物語なんだということを、彼は彼独特の表現で言い表しているわけなんです。だから非常にバランス感覚に優れた在野のインテリですよ。その意味では小室直樹さんの系譜を引く知識人の一人ですね。

それで、その時に私は驚いた。副島さんが編集者とライターをつかまえて、突然怒り出すんです。「おまえたちは太田竜の本をたくさん出している、けしからん」という理由で。

太田竜というのは日本にトロツキズムを導入した人で、初期の第四インターナショナルの指導者です。世界革命戦略をいろいろと主張して、その後はアナーキズムに傾斜して、アイヌの権利回復運動、それから動物の権利回復というところに行って、最後は「ウォールストリートやホワイトハウスは、実は爬虫類によって支配されている」という陰謀論を主張しました。「人類には哺乳類とは別に爬虫類から進化した人類がいて、その冷血な連中が今、世界を支配している」という「爬虫類による世界支配論」を、晩年になって唱えるようになったんです。

その太田竜の本を出している編集者とライターに対して、副島さんが言うわけです。人類が爬虫類によって支配されているなんていうのはナンセンスだ。それはロックフェラーの世界支配を隠すために、ロックフェラーの連中が創り出した陰謀なんだ。「陰謀論が荒唐無稽に見えるように創り出した陰謀論」なんだという、「メタ陰謀論」の観点から話をするから、私はもう聞いていて頭がクルクルしてきましたね。

そうしたら、その編集者はもう六〇歳を回ったご年配の方だったんだけど、だんだん耳が真っ赤になってくるわけです。そしてついに、「副島先生、お言葉を返すようですが」と切り出した。

「副島先生は本当にあのブッシュやウォールストリートの連中が、哺乳類だと思っているんですか。哺乳類があのようなことをすると思っているんですか」

と詰問するんです。

そうしたら副島さん、ぐっとこらえて、「それは、哺乳類にもいろんなのがいる。でもあいつらが哺乳類であることは間違いない」と言って、また論争になるわけです。それを見ていて、やっぱり本物は違うと思いましたね。

太田竜の本は、冗談でつくっていたわけじゃないんです。本当に編集者もライターも、爬虫類によってウォールストリートが支配されていると信じているんです。ある人が何かを信じていたら、それを外部からの影響で変えることはなかなかできない。つまりそれぐらい物語というものには、すごい力があるわけです。

そういうふうに物語一つで人間をつかんでしまう危険性を持っているのが地政学です。一つの物語で人間がいくらでもアグレッシブになり得るのが、地政学なんですよ。だから地政学が流行になってきて、地政学で世の中が動いているという物語をみんなが信じるようになると、これは世の中が相当怖くなる。地政学にはそういう危険があることを、よく覚えていてください。

貨幣という物語

でも地政学以外にも、現時点において人間を相当おかしくしている物語があります。一つは貨幣です。貨幣ってどうやって生まれるか、皆さんわかりますか？

――物々交換が発展すると、物の代わりにお金を使うようになります。

物と物の交換のプロセスから出てくる、ということですね。ではその交換のプロセスを円滑にするのが貨幣の役割だったら、究極的には貨幣なしで済ませることができるだろうか？

こういう形で本質的なところから貨幣を見ていくというのは、ひとまわり古い貨幣学説で、私もそちらの立場に立つんだけれども、貨幣の交換機能であるとか、貯蔵機能であるとか、価値表示機能などについて考えるのは、古典派経済学やマルクス経済学の影響を受けた人たちの貨幣論です。でも近代経済学のほうは、貨幣の本質は何かというような議論はしない。いわゆる今の主流派経済学って、いきなり貨幣数量説なんかが出てきます。でも、それで抜け落ちる部分はないのでしょうか。

金本位制がなくなってだいぶたちますね。それなのにニューヨークの連邦銀行の地下には、いまだに金《きん》が大量にあります。それから日本も中央銀行の金のリザーブを時々アメリカの側に動かしたり、ヨーロッパの側に動かしたりしている。こういった金から完全に離れた形での貨幣って、成り立ち得るんだろうか。あるいは、ビットコインなんていうのは成立し得るんでしょうか。

——信認の点で問題がある気がします。

では、信認を保証するメカニズムというのを構築することができれば、金の裏付けなしで、その貨幣をつくることはできるだろうか。これには両方の見方があるんです。主流派経済学はたぶん、成立し得るという見方だと思う。ところが、私は成立しないと思います。それは貨幣を成立させる合理性を裏付けるところに、何らかの非合理性が必要になるからです。

柄谷行人さんは、岩井克人さんと貨幣に関する討論をしていたとき、まさにビットコイン的なものはできるという考え方でいたわけです。ところが、彼自身がインターネットを使って仮想通貨をつくり出すＮＡＭ（New Association Movement）という運動をしたら、結局うまく回らなかった。その経験を通じて最終的には、金による裏打ちがないと貨幣はできないという考えに傾いているんですね。

だから今のところ柄谷さんの本を読んでも、柄谷さんと話をしても、「なぜか」という理屈は外挿的になっている。「そうなっているからそうなんです」という、いわば公理系の問題ですね。だから論理で証明される外側のところに貨幣を持っていっています。

ただ金の信用に基づいた貨幣がないと、国家が経済に介入するきっかけを構築するのが相当難しくなるんです。

堀江貴文はなぜ逮捕されたか

堀江貴文さんが証券取引法違反で捕まった大きな理由というのは、私は彼の貨幣論にあると思います。彼はライブドアの株を細かく分割して、スーパーマーケットで大根を買うときに、ライブドアの株でも買えるようにすると、こういうふうに考えたわけでしょう。これはライブドアという会社が貨幣を発行するのと同じことになります。そうすると国家の統制を超えてしまうことになるんです。「いや、そんなこと言ったって、国家ってどこで貨幣に関与することができるの」という疑問に関しては、マルクスの『資本論』を読んでみるといい。『資本論』の論理の中では貨幣はどうやって生まれてくるかというと、さきほども出てきたように、まず物と物の交換をしているわけです。でも実際の世界では、物々交換はほとんど行われません。要するに物と物を交換するためには、交換ができるための価値尺度がないといけなくて、価値尺度には貨幣の存在が前提とされるからです。だから仮説的な問題になるんです。

たとえば、仮にこの水差しの水を五〇円としましょう。私が水を商品として売るときは、私はこの水を飲まない。だから私自身にとってはこの水の使用価値はありません。五〇円というのは、他人にとっての使用価値なわけです。一方、私がボールペンが欲しくてこの水とボールペンを交換したいと思っても、ボールペンを持っている人が、ボールペンを手放す代わりに水が欲しいと思っているかどうかはわからない。けれども貨幣を媒介にすれば、貨幣は必ず商品になるから、私はボールペンを手に入れることができる。でも逆に商品がいつも貨幣になるとは限らない。

だから貨幣と商品の関係は非対称なわけです。マルクスは「商品は貨幣を愛する」と言ったあと、シェイクスピアの『真夏の夜の夢』から引いて、「しかし、まことの恋がおだやかに実を結んだためしはない」と言っています。だから常に商品は貨幣に片思いしている。貨幣は商品になるけれど、商品が貨幣になるかどうかはわからない。でも貨幣があると必ず商品を得ることができる。この非対称性によって貨幣は力を持ちます。それゆえ、はじめは人間と人間の関係から生まれてきた貨幣が、いつの間にかそれを持っていることによって、欲望を何でも実現できるということになるわけです。どケチというのは、欲望が小さいからカネを使わないいんじゃない。カネを集めることによって何でも手に入れたいという無限の欲望を体現しているんです。だから貨幣は広がっていくわけで、そこから貨幣というものが宗教的な価値を持ち始めるのです。

貨幣の材質は、最初は貝殻だったり石だったりするでしょう。イースター島なんかでは巨大な石でした。でも最終的には金か銀に落ち着きます。なぜ金に収斂するか、銀に収斂するかというのは歴史的な議論で、なかなか論理的に説明できない。それを事後的に、分割可能だからとか、腐食しないからとか理由をつけるけれど、腐食しないということなら銀は腐食しますからね。なぜ長年の間、アジアにおいて銀が基軸通貨だったのかという説明ができないわけです。いずれにしろ、一番重要なことは実は理屈で説明できないという意味で、これはもう外挿的になっているんです。

こういうときに出てくるのが、「歴史的にそうなっているから」という話。だから歴史的という言葉が出てきたら、だいたいインチキだと思ったほうがいい。地政学なんて、しょっちゅう「歴史的」が出てきて議論を飛ばしますからね。

それで貨幣が金《きん》になると、使っているうちにだんだんすり減ってきます。でもすり減ったからといって、一回一回計っていたら便利でない。今、金はだいたい一グラム五〇〇〇円をちょっと切るぐらいですから、一〇〇グラムの金だったら五〇万円。でも、それが一グラム減ったら四九万五〇〇〇円になるわけですが、それを「これは一〇〇グラムの金です」と国が金貨に刻印を押すわけです。そういった刻印を押すと、鋳貨になり、仮にすり減っても、これは五〇万円ですと国が保証してくれることになる。だから理論的には四五グラムにすり減っても大丈夫だし、四〇グラムにすり減っても大丈夫。この刻印を押すという形によって、国家が市場という本来独立のプロセスだったところに介入してくる。ここで市場と国家の接点ができるというわけです。マルクスのおもしろいところは、こういう理屈を組み立てるのが上手なところですよ。

それで、「貨幣にはものすごい力がある」とみんなが思うようになると、人間の価値は「その人間がどれぐらい貨幣を稼ぐことができるか」で決まるようになる。そういう方向に転換していくんですね。その結果どういうことが生まれてくるか、さらに考えてみましょう。

早期教育のもたらすもの

最近、ディスカヴァー・トゥエンティワンから出ているベストセラーで、慶應義塾大学准教授の中室牧子さんという人の書いた『「学力」の経済学』という本がありますが、読んだことのある人はいますか？　この本では、子どもが何歳ぐらいのとき教育にお金をかけると最も投資効果が高いか、というような、教育を完全に投資として見た分析を行っています。投資のリターンはどの段階が一番大きいか。学童前保育などのプレスクール、保育園、幼稚園、小学校、中学校、中高一貫制学校、高校、大学、大学院、あるいは大学在学中の留学とかいろいろあるけれど、いつが一番投資効果が上がると思いますか？

――小さいころですか？

その通り。そこはアメリカにおいてビッグデータの蓄積がなされていて、ごく幼いころにいい教育を受けさせると、将来すごく稼げる大人になるというデータがある。ということは大学院なんかに留学させるために一千万近く使うよりは、生後一〇カ月とか一歳ぐらいから、たとえばファミリアがやっているプレスクールみたいなところに一カ月二四万円で一年間預けたほうが、投資効果としては非常にいいというわけです。

ただ、中室さんが気づいていないことが一つある。それは、こういうプレスクールなどで行われている教育がどういう教育かということです。これも地政学と関係してくるからこういう話をしているわけですけれど、いわゆる英才教育をやっているプレスクールでは、たいていマリア・モンテッソーリというイタリアの精神科医兼教育学者がつくった、モンテッソーリ教育というメソッドが採られている。

マリア・モンテッソーリは、イタリアで女性として一番はじめに総合大学の医学部で博士号を取得した人です。それで配属された先が精神病院だった。今でいうアスペルガーの子どもたちなどを、当時は精神障害と決めつけて隔離していたんです。

それで彼女がその子たちを観察していると、障害を持っているとされる子どもが、ものすごく一生懸命パン屑を集めて、集中して何かをつくり上げている。ほかにもそういうことが、いろいろとあるわけです。そこで彼女ははたと気がついた。子どもというのは大人とまったく別の生き物で、何かにこだわる時期がある。そのこだわる時期はだいたい生後一〇カ月ぐらいから六歳の間で、その時期に本人がこだわることを徹底的にやらせて、そうじゃないことは強制しない。それが非常に重要なんだと。すると障害があると思われていた子どものほとんどが、実は障害ではなく大変な才能を持っている子だったことが明らかになったんです。

それから、同じクラスに同学年の子だけを入れたらダメ。横割りでなく縦割りにして、数歳違いの子どもを同じグループに入れておくと、小さい子はまわりのお兄さんやお姉さんを見て真似をしていく。こういう重層的な教育をしないといけない。そうしたら本当に子どもたちが伸びるというわけです。

このモンテッソーリ式の教育を、けっこうカネをたくさん取る、まさに中室さんが想定しているような投資効果が高いプレスクールではたいてい採り入れているんです。

今、ｉＰａｄかｉＰｈｏｎｅを持っている人は、「モンテッソーリ」ってちょっと引いてみてもらえますか？　モンテッソーリ教育を受けた有名人には、どういう人がいるでしょう？

Ａｍａｚｏｎをつくったジェフ・ベゾスとか、Ｇｏｏｇｌｅの創業者のセルゲイ・ブリンやラリー・ペイジがそうですね。こういう才能がモンテッソーリ教育から生まれているわけなんです。

モンテッソーリ教育の特徴は、教育を受けた結果、エリートやお金持ちになったとしたら、自分の得たものをほかの人にも分けろと教えていることです。できる人は、自分の持っているものをできない人に分け与えないといけない。世の中には障害児もいれば、すごく才能のある人間もいて、それで社会は成り立ってるんだということを子どものころから叩き込んでいくんです。できる、できないは能力の差というよりも適性の差であると。だから、いわゆる能力のある者は、その能力を他者のために使うのが当たり前である。自分のためにその儲けを独り占めしてはいけない。社会に貢献しないといけないということを、子どものうちに刷り込んでしまう。そうするとモンテッソーリ教育を受けた子どもは、大人になってから、まわりの人たちにいろんなものを分け与える人になるんです。

贈与と返礼

ところで、悪徳キャッチセールスを成功させるコツって何でしょう? まず何かちょっとしたものをあげることです。三〇〇〇円ぐらいのタッパウェアのセットとか、一〇〇〇円ぐらいのボールペンとかをあげる。もらった人は、説明会に来てくれと言われると断りきれない。行ったら、高価な鍋のセットを買わされる。このやり方が通用するのは、マルセル・モースの贈与論じゃないけれど、贈与されると返礼義務を感じるという人間の心理を使っているからです。人間には何かをしてくれる人に対しては協力してしまう性質があるんです。

私は情報の世界にいたでしょう。公安調査庁の連中が中国でスパイ活動をしていることについて聞かれて、先日（二〇一六年二月一日）、菅義偉《すがよしひで》官房長官は、「われわれはそんなことはしていない」と言っていましたが、あれはインテリジェンスの世界では一番よくない答えです。インテリジェンスの世界でスパイに関する話で何か聞かれたら、それは「ノーコメント」と答えるべきなんです。ノーコメントの理由もノーコメント。「ノーコメントということは、やってるんですか」と聞かれたら、「インテリジェンスの問題はすべてノーコメントだと、国際スタンダードで決まっているでしょう」と言って切り抜けないと。

じゃあ、日本はスパイ活動はやってないのかといえば、やっていますよ。私の隣の課（外務省国際情報局分析第二課）でもやっていましたから。原博文さんという残留孤児二世をスパイに使ったところ、彼が下手打って捕まってしまい、中国で八年ぐらい刑に服したけど、外務省は完全に切り捨ててしまったということもありました。この話は小学館から『私は外務省の傭われスパイだった』という本になって出ています。

これは本当にひどい話ですよ。でも、スパイを運営しているほうもかわいそうなんです。そいつは東大のグレコローマンレスリング部を出た男で、中国語の専門家だった。私が鈴木宗男の件でパクられたのは二〇〇二年五月なんですが、その二カ月ぐらい前に外務省の情報専門官が神奈川で淫行条例違反で捕まったという話がワッと広まって、私のところにも「佐藤さん、大丈夫ですか」とあちこちから電話がかかってきたりしました。

原博文さんの本には、その人の話が出てくるけど、やっぱりスパイを運営していくというのもなかなかヘビーで、軍事資料を持ってこいとか、ものすごくきつい要求もしなければいけない。でもこの人は心優しき人で、もともとそういうことをやれるような人じゃない。でも仕事だからやらなきゃいけない。ずっとプレッシャーを抱えていたんだね。それで、ネットで知り合った女子中学生に裸になってもらって、自分はその前でマスターベーションをするという趣味に走ったんです。それで仕事のストレスを解消していたのかもしれない。その女の子が補導されたとき、相手のリストの中に彼の名前が残っていて、それでお縄になってしまったと、そんなことがありました。インテリジェンス業務なんていうのは、慣れてない人にやらせるとこういうことになるんですね。

そういうふうに、日本はスパイ活動を日常的にやっているわけです。ただ、たとえば日本だったら国会便覧に載っているような名簿などは公開されていて、フリーで手に入るでしょう。ところが中国はああいうものが秘密指定されているわけです。だから、それを入手するというだけで国家機密に触れる可能性がある。多くはその種の話なんですが。

それで、インテリジェンスの世界における陥れ方とはどういうものか。

モスクワのホテルに帰ってみたら、ベッドに金髪の女性が裸で寝ていて、向こうから思い切り抱きついてきた。そのとたんバーンと扉が開いてフラッシュを焚かれ、「ＫＧＢだ。おまえ、今、いいことしてたな。この写真をばらまかれたくなければ我々に協力しろ」と脅されて、「しまった、ハニートラップにかけられた」みたいな話があるでしょう。それは、絶対ウソです。どうしてかというと、そんなことをしても意味がないから。人間は脅してくる人には本気で協力しないんです。

実際の秘密警察はどういうふうにやるか。たとえばロシア滞在中の日本の外交官とか新聞記者が、飲酒運転とか不倫とか、不祥事を起こすことがありますね。

大使館の職員が、不倫相手の商社マンの奥さんを助手席に乗せているとき、交通事故を起こしてしまったとする。そういうとき秘密警察の人間が一般人を装って近づいて、それを助けてくれる。事故を揉み消してくれるのに、それでいて何の要求もしない。

その代わり、「せっかくご縁ができたから、一カ月に一回ぐらい会ってお話ししましょう」ということになる。そういうふうにしていると、大使館員が出世できるような秘密情報を向こうからどんどんくれるわけです。いい人だなあと思って付き合っているうちに、だんだん深みに入っていくんだね。

最初は、「私、日本語がよくできないんですけど、日本の新聞は何を読めばいいか教えてください」などと言われる。同じ記事でも朝日新聞と産経新聞はだいぶ違いますからね。それで新聞を持っていくと、「たくさん量があるので読み切れない。切り抜きをつくってください」と頼まれる。そうしてしばらくすると、「やっぱり切り抜きだけじゃよくわからないから、簡単にまとめてくれませんか」と言われて要約をつくる。やがて「コメンタリーをつくってくれ」「情報分析の文書をつくってくれ」と頼まれるようになり、そこまで来れば、「大使館に来た電報を持ってきてくれ」と言われるのは、もうすぐですよ。段階的にやっていくのがポイントです。

それで一回一回は対価を払わない。この男には三〇〇万円使うとか、年間の予算は決まっているんです。でも定期的には渡さない。たまの誕生日にポンと一〇〇万円のプレゼントをくれたり、一〇〇万円分のお祝いをしてくれたりする。普段から配っていたら、情報が荒れてきますから。

そういうふうにしてできるだけ相手に与える。そうすると人間には、お返しをしなければいけないという心理が芽生えてくる。聖書の使徒言行録のパウロが伝えたイエスの言葉で、「人は受けるよりも与えるほうが幸せです」というのがありますが、あれは非常に深い人間心理を突いています。与えること、それがすごく重要なんです。与えるから得ることができる。

だからモンテッソーリ教育では、自分の能力を最大限に伸ばす教育と同時に、与える教育をするわけです。だからモンテッソーリ教育を受けた人たちは、社会で成功していくと言える。

中室さんの『「学力」の経済学』では、親は子どもの年収を増やそうと思ってそういう教育をするんだけれども、その結果、逆に子どもは我利我利亡者型の大人にはならない。人間の能力には差があるし、競争に向いているかどうかは適性がある。だから優れた人間が手にしたものは、みんなで分かち合わなきゃいけないと考える人間になる。「一人は万人のため、万人は一人のため」ということになるわけです。実はこれはファシズムのスローガンなんです。マリア・モンテッソーリは本来、ノーベル生理学医学賞を取ってもおかしくない人だったんだけれども、取れなかった。なぜ取れなかったかというと、それはムッソリーニと親しかった時期があったからなんです。

地政学とファシズム

地政学との関係において、すごく重要なのがファシズムです。地政学とファシズムは重なる部分もあれば、重ならない部分もある。

われわれはかつて、ファシズムという考え方をあまりにも簡単に処理してしまった。ナチズムの仲間ぐらいに思って処理してしまったんです。ナチズムは確かに広義のファシズムの一部ではあるんだけれども、あの「血と土地の神話」のようなものを信じて、そこからユダヤ人絶滅政策が出てきて、それで全世界を敵に回して戦うなどという異常な思想が出てくるのは、これはドイツの極めて特殊な事情に基づくものです。ナチズムに普遍性はありません。ドイツの病理現象にすぎない。

ちなみに今、ネオナチが活発に活動しているでしょう。それについて私は、ちょっとうがった見方をしています。ドイツでネオナチに関する報道は多いよね。それから外国人排斥に関する報道も多いよね。その二つに関する報道は、ドイツがシリアの難民受け入れを決めてから増えているような感じがする。

今、ヨーロッパは競争をしています。何の競争かというと、うちの国は怖いんだぞ、居心地が悪いぞ、来ないほうがいいよとアピールする競争。今、世界中で難民の問題を心配しなくていい国ってどこがあるでしょう？　日本は気をつけないといけないよ。すぐ難民が来る可能性があります。難民の問題も地政学と関係してきますから、地政学的なことを無視した外交政策のツケがきたということなんだけれども。

安倍首相が二〇一五年一月一七日にエジプトで表明した中東に対する支援金二五億ドルというのは、何のためのお金ですか？　人道難民支援でしょう。難民はなぜ発生するの？　アメリカが「イスラム国」を空爆するでしょう。空爆されて殺されちゃかなわないし、「イスラム国」の圧政やアサド政権の支配の下にいたくないから、国を出てくるわけだよね。その出てきた人の難民キャンプを造って、そこに住まわせる。それで「イスラム国」の中をガタガタにしていくというのが西側の戦略だったわけですね。日本はその意味において、難民部門を担当すると表明していたわけです。ところが彼らは、その枠を超えてヨーロッパに出てきてしまった。ヨーロッパはもう難民を受け入れたくないんです。

でも、ヨーロッパの中でも、アルバニアなどは地理的にシリアから近いでしょう。イスラム教徒も多い。難民はなぜそこに行かないんでしょう？　それは国家が破綻していて危険だからです。だからアルバニアは難民が来るのを心配しないでいい。

ほかにも難民が来るのを心配しなくていい国がありますね。アジアでは北朝鮮です。北朝鮮への入国や避難を希望するシリア難民って、たぶんいないはずです。でも北朝鮮は人権関係の国際条約に署名して、批准している国ですからね。憲法で難民を受け入れる権利をちゃんと保証しているし、迫害されている人は受け入れなければいけないという規定もある。その意味では人権優等国なんですよ。ただ、彼らは国際法と国内法はまったく別のものという二元主義に立っているから、国際法で何を約束しても実際は関係ないわけです。

そうすると日本はどうなるか。この前、日本の偉い立派な政治家が、ニューヨークでインタビューを受けたでしょう。

「日本はお金をたくさん出すというけれど、難民の受け入れについてはどうするんですか」

こう聞かれて、

「人口問題に関しては、女性の活用や高齢者の活用など、もっと打つべき手があると思うので、移民に関してはその後だ」

と答えてド顰蹙を買ったけどね。

でもこれから、どういうことになると思いますか？　日本は九七〇億円出したわけでしょう。それは難民支援でヨーロッパへ行くわけです。そうしたらヨーロッパの情報機関はきっと、NPOの連中をそそのかして、LCCチケットを難民に渡しますよ、成田経由で中南米のどこかに行くチケットを。最終目的地がよその国の航空券を持っていれば、乗り継ぎの空港に降りるのに査証も何も要りませんからね。それでチケットを難民に渡して、因果を含めるわけです、「成田空港の国際線エリアに滞留しろ」と。あそこは飛行機の乗り継ぎの関係で、二〇〇〇人ぐらいなら受け入れられるようになっている。シャワーもあるし、食事もある。だからトム・ハンクス主演の映画『ターミナル』みたいに、何カ月もその中で暮らせる。映画ではトム・ハンクス一人が空港で生活するわけだけれども、そういう人が三〇〇人から五〇〇〇人ぐらいいてごらん。CNNとBBCで毎日それを映し出す。

「現在、成田空港の国際線のロビーにシリア難民が三〇〇〇人いて、日本への入国を求めています。ちなみに日本は国際社会の中で難民に対する協力を表明しています。日本は数千人の割り当てがあるにもかかわらず、それを受け入れていません」

こんな報道をされたら、日本の政府はこういう国際圧力に耐えられません。それで結局、難民は入ってくることになる。こういう感じですね。

だから難民法を整えて、何が難民か、難民じゃないかということもきちんと仕分けしないといけないのですが、この政府はそういったことには全然対応していないんです。

それから難民の中には一定数のテロリストも紛れ込んで入ってきますからね。そういうリスクもあるわけなんです。こういうことも地政学のことがわかっていないと、ピンとこないわけです。

ユーラシア主義とは何か

私自身が地政学の力に気づいたのは、ソ連の崩壊を経てロシアに勤務しているときです。実はソビエト体制自体が、地政学で動いていました。

そのロシアを動かす地政学は何かというと、さっきユーラシアという概念を示しましたが、ユーラシア主義という考え方です。アジアとヨーロッパにまたがるところのユーラシアは独自の空間であって、そこは独自の法則を持っている。そしてヨーロッパともアジアとも違う独自の発展を遂げていくんだという、こういう考え方です。思想的なモデルからすると、これはライプニッツのモナド（単子）モデルというものになる。

ライプニッツというのはバロックの天才で、微分法の発明者でもあるし、近代の中国学の始祖でもある。記号論もやったし、普遍言語をつくろうとしたりもした。その中で特におもしろいのが、彼のモナドロジー（単子論）という考え方です。モナドというのは、これ以上分けられない、ものの最小単位で、単子とも訳されています。最小単位といっても、アトム（原子）じゃないんです。

実はモンテッソーリ型の教育にも、モナドロジーが生きています。アトムというのはみんな同じでバラバラです。それは力によって束ねたりできるし、条件によってはバラバラになっちゃうようなものです。モナドロジーのモデルとは全然違って、このアトム的なモデルは基本的には新自由主義のモデルだと言えます。

たとえば安保法案に反対している学生団体SEALDsなんていうのは、モデルとしては新自由主義にすごく近い。どうしてでしょう？　それは組織化しないから。組織化しないということは、バラバラの人たちが集まっていて、バラバラになるのも自由だということです。それは株式市場の中に入ってきて、株を買って、そしてスッと抜けていくというスタイルと同じモデルなんです。来る人はみんな自由で、平等で、自由で平等な人間たちの活動と、こういう建前になっているわけです。

モナドロジーは違います。モナドというのは、神様以外はつくることができないし、神様以外消すことができない単位です。モナドは大きくなったり小さくなったりする。だからどんなモナドであっても、どんな能力のない人でも、力の小さい人であっても、われわれ人間にはそれを無視したり、消し去ったりすることはできないと考えるわけです。今はどんなに力がない人でも大きくなる可能性があるし、今、大きくて力のある人も小さくなる可能性がある。

ところが、モナドというのは自分で自分の姿は見えないんです。お互いに出入りしたりする扉や窓も持ってないというんですね。人のモナドの姿を見て、俺の形はどうなってるんだろうな、私の形はどうなってるんだろうなと想定するという、なんとも言えず奇妙なものなのです。でも、大きくなったり小さくなったりするというのは、これは、微分の考え方なんです。

だから、この世の中にはいくつかのモナドがあって、それが切磋琢磨して大きくなったり小さくなったりして、この世界は成り立っているというのがモナドロジーの考え方で、これは大東亜共栄圏の考え方でもあるわけです。つまり、今までアジアというのは追い込まれて小さくなっていた。しかしこのアジアも大きくなっていく根拠がある。というのはなぜかというと、アジアがモナドだから。

ＥＵの考え方もモナドロジーです。われわれヨーロッパというのは、ヨーロッパという単位があって、それが大きくなったり小さくなったりするんだという、こういう考えなんです。ロシアもそうですね。

一方、アメリカ人にはモナドロジー的な考え方がわからないわけです。個々バラバラのアトムという考え方になっちゃうから、世界は普遍的な原理で覆ってしまうことができると考えるわけですね。「イスラム国」もアトム的で、モナドロジーじゃない。

だから、モナドというのは本来の意味での全体主義なんです。全体主義というのも手垢のついた言葉になってしまっていますが、地政学は全体主義と裏表の関係になります。皆さんが現在の観点から全体主義を勉強してもたぶんわからないと思います。ということは地政学のおもしろさもわからない。本当に全体主義を理解するには、タイムマシンに乗って戦前の世界に行かないといけません。

猫や犬という種がそれ自体で完結しているように、モナドも一つ一つ完結して全体を構成しています。こういう全体が複数あるというのが、本来の全体主義的発想です。

たとえば、一九三〇年代の終わりに河出書房から『廿世紀思想』という一〇冊のシリーズが出ていて、その中に全体主義という巻がある。このシリーズの編纂をしているのは三木清と恒藤恭《つねとうきょう》、つまりリベラル派の人です。その全体主義の巻を編集しているのは務台理作《むたいりさく》という、第二次世界大戦後のヒューマニズム論の大家です。もちろんリベラル左派で、岩波文化人の中心になる人です。務台理作の『現代のヒューマニズム』という岩波新書の青版から出ている本は、これは今でもその有効性を失わない、非常に優れたヒューマニズム論です。彼が全体主義についての説明をしている。

それによれば全体主義というのは、種の論理に立っている。すなわち、類、人類ということじゃなくて、要するにヨーロッパだったらヨーロッパそれ自体が全体だと考える。日本だったら日本でそれ自体が全体なのです。ロシアだったらロシアでそれ自体が全体なのです。それが切磋琢磨しあって、人間という類になっていると、こう考えるわけです。だから全体主義というのは必ず複数の全体がある。それが切磋琢磨している。その意味においては、どの全体もどの部分もなくならない。小さくなることはあってもなくなることはない。そういう複数宇宙によって成り立っているという考え方だと、彼はわかりやすく説明している。

それに対立する考え方が普遍主義です。世界をたった一つの原理で支配してしまう。これが普遍主義で、全体主義が多元性と寛容によって成り立っているのに対して、普遍主義は非寛容と平等によって成り立つと、こういうことなんです。この区分はとても重要です。

人食い人種・日本人

一六世紀半ばに宣教師が日本にやって来ますね。一五四九年に種子島にフランシスコ・ザビエルがやって来た。何の目的で来たんでしょう？　それまでどうして来なかったの？　皆さんは、マルコ・ポーロの『東方見聞録』は読んだことありますか？　子どものころ、絵本で読んだ人も多いと思いますが、『東方見聞録』には、日本についてどう書かれていましたか？

——理想郷みたいな、黄金の国と書かれています。

黄金の国、ジパングだよね。じゃあ、ここで質問。マルコ・ポーロは商人でしょう。黄金で屋根を葺いていて、黄金があふれている日本に、なぜ行かなかったんでしょうか。黄金を得られる可能性があるのに、商人が行かないなんておかしいじゃない。どう思いますか？

――日本は国家統制がしっかりしているから？

国家統制がしっかりしてた――。ちょっと違います。実は、マルコ・ポーロの『東方見聞録』に答えが書いてあります。ただし、子ども用の読みものの『東方見聞録』じゃダメです。平凡社の東洋文庫から出ている難しい訳か、平凡社ライブラリーから出ている比較的平易な訳か、いずれにせよ全訳されているマルコ・ポーロの『東方見聞録』の「チパング島」というところを読まないとわかりません。

それには、「日本は黄金の国だけど、この国に住む偶像崇拝者、異教徒のあいだでは、お互いに誘拐ビジネスが横行している」と書いてある。誘拐して身代金をお互いに取ることによってビジネスをやっている。身代金を払わない場合、どうすると思う？　親戚一同を集めて、人質を釜で茹でて食うんだって。「このジパング島の異教徒は、人間の肉ほどうまいものはないと確信している恐るべき野蛮人だ」と書いてある。

マルコ・ポーロは黄金は欲しかったけれど、釜で茹でられて食われるのが怖かったから来なかったんです。日本人は明治期から『東方見聞録』に触れているけれど、このくだりがほとんど知られていないのは、われわれの自己検閲なんです。読んで不愉快な部分は翻訳しないから。だからマルコ・ポーロの『東方見聞録』は、日本人が人食い人種だと断罪している書籍であるにもかかわらず、いつの間にか黄金の国日本だとほめている書であるということになってしまったわけです。しかしロシアやイギリスの東洋学者は、『東方見聞録』の全文を読んでいるから、日本人というのは人食い人種だっていう刷り込みがあるわけです。だから日本の残虐行為とか何とか言われると、「うん、昔から変わってないな」と思うわけ。

やっぱりこんな怖いところに宣教師は来ませんよ。宣教師だって取って食われるのはいやだから。しかし食われるのを覚悟してまで、どうしてザビエルが来たかといったら、トルデシリャス条約（一四九四年）でローマ教皇が世界を二つに分けた事情があります。世界をポルトガル領かスペイン領のいずれかに分けてしまったんです。ヨーロッパから見ると日本はポルトガル領になります。ポルトガル領の一番外れが日本なんです。だから、地の果てまで普遍的な原理であるカトリシズムを伝えないといけないということになって、ザビエルがやって来たわけです。

ところで当時の日本がキリシタンを禁教化したのは正しいんですよ。そうじゃなければ、われわれはポルトガル語を話すよう強要されて、エリートはポルトガル語のほかにラテン語をしゃべっていたかもしれない。あの人たちは普遍的な形でラテン文化を移植して、日本を植民地にすることを明白に考えていたからね。だから植民地にされないようにするために鎖国をしたのは、私は正しかったと思う。鎖国をしていなければ、われわれは残らなかったかもしれない。これも歴史のおもしろいところですね。

でも鎖国をしたといっても、スペイン、ポルトガル、イギリスとの外交通商関係を切っただけでしょう。当時、それ以外にアジアまで外交通商できる力があったのはオランダだけでしたが、オランダとの関係は残している。なぜでしょう?

当時日本は海洋進出をやめていたけれど、インドぐらいまでは行っていたから、海洋進出できる能力はかなりあったわけです。島国だから海洋国家だということは、よくわかっていた。海洋国家にとって最大の敵って何だと思いますか? それは、同じ海洋国家です。つまり海洋国家の日本は、最強の海洋国家であるオランダとの良好な関係を維持しないといけないという、この地政学が日本人にはわかっていたんです。

今、日本と中国の関係が急速に緊張しているでしょう。しかし、ついこの間まではそんなことはなかった。じゃあ、なぜ急に緊張が高まったか? それは、中国が海洋戦略を展開し始めたからなんです。片やロシアとの関係は、以前のような緊張がないでしょう。安倍さんだってプーチンのことはなんとしても日本に呼びたいと思っている。それはソ連時代と違って、ロシアは太平洋における海洋戦略を放棄したからです。原子力潜水艦だってウラジオストクやペトロパブロフスク(カムチャツカ半島)にあったのを外して、ヨーロッパのムルマンスクに集中している。かつてはウラジオストク港に「ミンスク」なんていう航空母艦までありました。今は、そんなものはない。こういう状態になったから安倍政権も、海に出てこないで内陸に向かっているロシアとは提携できるとなんとなく思っている。これが地政学なんですよ。

それで日本は鎖国していても、最強の海洋国家であるオランダとは、通商関係、外交関係を維持していたわけなんです。オランダとぶつかるようなことは避けた。もしあのときオランダとぶつかる選択をしていたら、インドネシアのように植民地にされていた危険性があります。当時のオランダの実力からすれば、それは可能だったはずです。オランダはプロテスタント国だから、普遍的な宗教を広げるなんて考えは持たないで、もっと露骨な植民地支配をインドネシアではしました。だから、オランダのような国とは仲良くしないといけなかった。それはオランダが日本にとって最大の脅威だったからなんです。

日本の開国は江戸時代の終わりから明治にかけて、アメリカとロシアの圧力によって成り立ったけれど、そのとき日本はイギリスとの関係を強化した。どうしてでしょう? 当時、イギリスは最大の海洋帝国だったから。日本は海洋国家だから、そのままでは海洋国家同士ぶつかってしまう。だからイギリスとの関係を大切にしたわけなんです。

第二次世界大戦前夜の日本

でも日本はワシントン平和会議という軍縮会議で、アメリカに騙された。アメリカが、日英同盟を発展的に解消して地域の集団的な安全保障をやりましょうと言って、それで全然関係ないフランスを形だけ持ってきて、四カ国で条約をつくることをもちかけた。フランスには、太平洋での海洋権益なんてないのにね。この四カ国でお互いに安全保障をすれば大丈夫ですといって、日英同盟を解消させる。それで米英が接近していくということになる。となると日本は海洋国家であるにもかかわらず、同じ海洋国家であるアメリカとイギリスの両方を敵に回すという選択を採った。それによって、あの無謀な戦争に飛び込んでいったわけです。

もう一回戦争の整理をしてみましょう。日本の陸軍は地政学をちゃんと勉強していたから、アメリカと戦を構える気はなかったわけです。それに日本の陸軍の中で強いのは常に英米可分論。ちなみに真珠湾奇襲よりも、イギリス領のマレー半島上陸のほうが数時間早かったからね。真珠湾の六時間ぐらい前にマレー半島に上陸しているんです。つまりあの戦争は本質においてはイギリスとの戦争だということです。それはイギリスが海洋覇権じゃなくて、東南アジアの資源を握っていて、そこに日本は関心があったわけです。

だから裏返すと、イギリスがアジアから手を引いて、それで折り合いがつくんだったら、あの戦争は避けることができたんです。だから基本的にはあの戦争を日本のほうから見ると、日英戦争です。陸軍のほうは日英戦争ですら二次的に考えていたぐらいで、日米戦争なんて全然考えていなかった。陸軍が第一義的に考えていたのは、日ソ戦です。日本が大陸国家として進出していくべきだと考えていたから。

でも、陸軍はある時期から極めて慎重になりました。それはいつからかというと、一九三八年張鼓峰事件と翌三九年ノモンハン事件からです。ちなみにノモンハン事件に関しては、日本では「事件」という扱いだけれども、今、国際的にはノモンハン（ハルヒンゴル）事件の研究が進んでいて、ノモンハン「戦争」という言い方のほうが主流になっています。

第二次世界大戦でドイツ軍を破ったときのソ連の軍事最高司令官はゲオルギー・ジューコフですが、ジューコフはノモンハン事件のときのソ連軍の司令官でもあった。彼は回想録の中で、これまでで最も苦しい戦いはどこだったかといったら、ハルヒンゴル事件だったと言っています。「ハルヒンゴルでの日本との戦いは、今までの戦いの中では最も苦しかった」と、こういうふうに言っているわけです。

それは日本にとっても同じでした。日本が地政学的に海洋国家の方針を採っていて大陸に出ていかなければ、満州国なんかつくらなかったし、朝鮮半島も植民地支配しなかった。朝鮮半島は支配ではなく保護国みたいな形で、少なくとも神社参拝を強要して、そこでアトム的な価値観を押し付けるようなことはしなかったはずです。

朝鮮半島はもともと檀君信仰があります。今、北朝鮮は檀君信仰をそのまま金日成神話に転換しているでしょう。ピョンヤンの郊外に、檀君の夫妻の骨が見つかったといって、それを祀ってあるピラミッドがあります。もし日本がアマテラスではなく、檀君を祖神とする形での宗教をつくらせていたら、朝鮮半島に土着化できた可能性はある。しかし大東亜共栄圏の内部というのはモナドロジー的な発想を持たない、すごくアトム的で均質な、ベタな発想だったわけなんです。それでものすごい軋轢が出てきてしまった。

軍事的に考えてみると、日本で近代戦をやったのは一九〇五年の日露戦争が最後です。ちなみに日露戦争では、大量のコンクリートを使って、トーチカ（要塞）をつくって、そこに機関銃を据えて戦った。トーチカというのはロシア語で「点」という意味です。

ところで機関銃から派生してできた、われわれが日常的に使っている文房具があるんですが、何だかわかりますか？　ヒントはマックス。マックスは機関銃メーカーの名前なんです。答えはホチキスです。ホチキスのあの玉送りは、機関銃の弾送りの仕組みを使っているんですね。弾をそのままホチキスの針に代えただけ。あの順番で弾を送っていくという技術を民間に転用するとホチキスになるわけです。

そういうわけで日露戦争は大量の機関銃を使って物量戦をやったという、第一次世界大戦の先駆けとしての意味がある。でもその後の第一次世界大戦は、日本にとっては日英同盟を口実に、後から入ってきたという話ですね。

二・二六事件という茶番

その後、日本はいろんな戦争をやっています。シベリア出兵がある。満州事変がある。それから日中戦争、支那事変がある。それから太平洋戦争、大東亜戦争がある。その中において一九三九年のノモンハン事件はすごく小さく位置づけられているんだけれども、あれは日本が一九〇五年の日露戦争後に直面した初めての近代戦なんです。裏返して言うと、日露戦争以来、まともな近代戦をやっていなかったということになる。三四年間、本格的な戦争をしてない軍隊ですよね。そうすると、そこでの評価ってどうなるでしょう？　図上演習、書類をつくるのがうまい、派閥運営に長けてる人が評価されるようになる。要するに実際の戦場で戦ったことがないから、軍隊が官僚化しているわけ。そういうふうになると、じゃあ戦闘はどういうことになるか。陸軍の連中が企画立案をする。それを実行するのも自分たち。それを評価するのも自分たち。そうしたら結果はどうなる？　成功か大成功にしかならないでしょう。だから大本営発表ではずっと勝利としか言わなかった。

今の日本外交がそうですよ。外務官僚が企画立案をする。外務官僚が実行する。外務官僚が評価する。そうしたら、それぞれの外交結果は成功か大成功にしかなりません。日本の外務省のホームページを見てみてください。すべての首脳会談や外相会談が全部成功になっていますから。その累積が今のこの状態ですよ。だから少なくとも評価主体は変えないといけないんです。

私が現役だったころは自民党の政治家たちが怖かった。外務官僚は自分たちの仕事を自分では評価できなかったんです。評価するのは自民党の政治家であり、世論だったから。

以前はマスコミとの関係ももっと緊張していたから、何か外交をするにあたっては、事前に獲得目標を提示しないといけなかった。評価というのは目標を設定して、それを達成したのかしなかったのか、達成したとしたらどれぐらい達成できたかで測るものでしょう。今、日本外交は事前に達成目標を言いません。「それは外交秘密ですから」というわけ。終わってから、「実はわれわれが今回得られると思ったのはこのあたりまでで、それは全部獲得できました」ということになる。だから、落語の『手遅れ医者』みたいなことになっているわけです。

これと同じ状態が一九三〇年代の日本軍だった。だから、二・二六事件のようなことが起きてくる。実際のリアルな戦場も知らないで、責任のある立場で国家運営をするとはどういうことか、想像力すら持たないような青年将校たちが軽いノリでやったのがあの二・二六事件です。二・二六事件は戦後において美化されすぎている。だから私はそのアンチを何かい い形で示す文献がないかなと思っていたら、あるとき、おもしろい映画を観たんです。

昔、東映が二本立て三本立て映画をつくっていたころ、制作費を削るため、低コストの映画を専門に撮るニュー東映（第二東映）という会社がありました。三年ぐらいでなくなってしまいましたが。そのニュー東映が一九六二年に『二・二六事件　脱出』という映画をつくった。今、ＴＳＵＴＡＹＡなどレンタル店にもないけれど、なぜかＤＭＭで――ＤＭＭといってもエロビデオではなく、普通のビデオのほうで見ることができます。主演が高倉健で、憲兵隊の特高班長役を演じている。総理秘書官が三國連太郎。まだ二人とも駆け出しのころです。

それで二・二六事件、クーデターが起きるという情報を、憲兵隊は事前につかんでいるわけです。クーデターが起きた後、岡田啓介首相が実は生きていて、押入の中に隠れていると知って、それをうまく脱出させるというサスペンス映画になっています。

原作は小坂慶助という、高倉健が演じる憲兵曹長が書いた回想録です。これは私が文藝春秋の文春学藝ライブラリーというところから、『特高　二・二六事件秘史』として詳しい解説をつけてもう一回甦らせています。それを読んでもらうと、当時の二・二六の青年将校がいかにふざけた感じのスカスカな連中だったかがよくわかります。

いずれにせよ、一九三九年のノモンハン事件を経ることによって、陸軍は地政学的な認識を深め、ソ連はものすごく怖いということを知っていた。地政学上の要であるユーラシアに手をつける力量は、自分たちにはないと理解していた。地政学がわかっていたから、南進論になったんですね。

スターリニズムはいかにして生まれたか

もう一回、ユーラシア主義の話に戻りましょう。スターリンはあの収容所群島をつくったことによって政治的に断罪されましたが、スターリンってどこの国の人か知っていますか？

——アルメニアですか。

近い。けれども、アルメニアじゃない。スターリンはジョージア（グルジア）人です。グルジア人というのはね、不思議な言語をしゃべるんです。世界の言語というのは、だいたい主格と対格があります。これはアラビア語も、日本語も、朝鮮語も、中国語も、全部一緒です。ところがごく一部にだけ、主格・対格構造をとらない特殊な言語がある。能格・絶対格構造というのをとっている言語が世界のごく一部にあって、それがバスク語、グルジア語、チェチェン語、アディゲイ語などです。これらの言語は動詞の変化表をつくるのがすごく難しいんです。グルジア語は一つの動詞が一万五〇〇〇ぐらい変化することになる。アディゲイ語になると一二億らしい。これは私が勝手に言ってるんじゃなくて、大修館書店から出ている、言語学者の千野栄一さんが書いた『プラハの古本屋』という本の、「コーカサス言語」

のところから引いてきてる話です。三省堂から出ている『言語学大辞典』を見てもそうなっています。

そうすると、言語の違いというのは思想の違いですから、珍しい言語をしゃべるスターリンは、ユニークな発想のできる人なんです。しかもスターリンはグルジアのゴリという町の出身で、このゴリという町にはグルジア人は少なかったんです。アルメニア人とユダヤ人が多い町で、オセチア人も多い。オセチア人は自称アラン人ということからもわかるように、アラン（＝イラン）、すなわちイラン（ペルシア）系です。自分たちは古代スキタイ民族の末裔だと信じている。

それでスターリンは本当はジュガシビリという姓だけど、この名前は生粋のグルジア人ではない。それからスターリンのお父さんは靴屋さんだった。コーカサス地域において靴屋さんというのはオセチア人のやる仕事です。だから、名前とお父さんの職業から判断するならば、スターリンはおそらくはジュガーエフという名前で、グルジアに帰化したオセチア人であると見られるわけ。

スターリンはどんな基礎教育を受けたか知っていますか？　実はスターリンは私と同じ、神学を勉強しています。スターリンは小さいとき天然痘に罹っています。それでこの子がもし生き残れるのなら神様に捧げますと言って、お母さんが願をかけて神学校に入れたんです。でも高校生のときに学校を飛び出してしまい、マルクス主義運動を始めることになります。

スターリンはものすごく頭のいい男で、彼は哲学者でもあり、経済学者でもあり、言語学者でもあります。「ソ同盟における言語学上の諸問題」なんてすごくいい論文で、私が米原万里さんに、「スターリンを毛嫌いしないで読んでみたら」と言って勧めたら、彼女はこの本を読んで、「スターリンの言語学理論はまともだ。これはソシュールに近い」と言っていました。これは彼女の『打ちのめされるようなすごい本』の中にも書いてあります。ソシュールに近いというのは確かにそうで、ソシュールを粗野にした感じですね。一橋大学名誉教授の田中克彦さんの『「スターリン言語学」精読』という本が岩波現代文庫から出ていて、それを読むとわかるように、理論的な水準がかなり高いわけです。

回教徒共産主義者同盟

スターリンの全集を読むと、あちこちに回教徒共産主義者（ムスリム・コムニスト）という言葉が出てきます。これは何でしょう？

ロシア革命は、マルクス主義によって行われたという建前になっていますね。ところがマルクス主義の理論からすると、高度に資本主義が発達したところでしか革命は起きないはずです。ロシアは遅れていたわけでしょう。だから、スターリンも、レーニンも、トロツキーも、ブハーリンも、みんなドイツで革命が起きて、成功して、ドイツとロシアが連携することによって世界革命がスタートすると思ったわけです。

ところがドイツ革命がすぐにずっこけてしまうでしょう。次にハンガリーで革命が起きますが、ハンガリーの革命も頓挫してしまう。じゃあ、どうなる？　ロシアは遅れた社会のまま死んでしまうのか？　これは早産だったから、死ぬしかないと考えたのがドイツ社会民主党の、第二インターナショナルの指導者だったカウツキーでした。ロシアにマルクス主義を導入したプレハーノフも、革命ロシアは生き残らないと考えていました。

しかし、レーニンやスターリンにしてみれば、「まだ遅れた段階だったのに、われわれが革命を起こしたのが早すぎたから生き残れませんでした」というわけにはいきません。そこでジノヴィエフ、さらにスターリンが、新しい仲間を見つけてくる。それがスルタンガリエフという人です。スルタンガリエフというのはタタールスタンの共産主義者。共産主義者だけどイスラム教徒でもあると、こういう人なんです。それで彼は中央アジア・コーカサスのほうに行ってこう言います。

「われわれがやろうとしている階級闘争というのは、西方の異教徒に対する聖戦なんだ」

それで赤旗と緑の旗を一緒に立てながら、革命を中央アジアでやるんだ、だから回教徒共産主義者という同盟軍がいるんだという、こういう理論を打ち立てていった。スターリンはそのうちの一人です。

だからスターリンの全集の中には、「ボルシェビキ（レーニンの党）がシャリーア（イスラム法）を廃止するなんていう噂が流れているけれども、そんなものはデマだ。人民がイスラム法を大切にしている以上、イスラム法は今後も生きる」ということが書いてあるわけです。そういうふうにイスラムのエネルギーを使ってきた。

もともとコーカサス、中央アジアはトルキスタン（トルコ系の人たちが住んでいる土地）ということで、一つのまとまりを持っていました。

ところが共産主義よりもイスラム革命のほうが強くなりすぎて、危なくなってきた。そこでスターリンは一九二〇年代から三〇年代にかけて、そこに境界線を引き始める。たとえば、今のカザフ人は当時キルギス人と言っていました。現在のキルギス人は当時カラキルギス人（黒いキルギス人）と言っていた。キルギス人とカラキルギス人だから親戚みたいなものでしょう。それにキルギス語とカザフ語は、Sの発音がちょっと違うぐらいのものだったんです。それなのに、「おまえらSの発音が違うから別民族だ」といって、そこに五つの新しい境界線を引いた。タジキスタン、ウズベキスタン、キルギスタン、カザフスタン、トルクメニスタン。これが民族境界線画定です。

もともと似たような人たちだったのに、上から民族というものをつくって、お互いにいがみ合うようにした。その負の遺産が今でも残っています。サマルカンドなんていうところは、もともとタジク人の町で、みんなペルシャ語をしゃべっていた。一九一〇年代の終わりぐらいの統計では、八割がタジク人。しかし三〇年代になると、八割がウズベク人になってしまう。

ちなみに今のウズベキスタンの大統領のイスラム・カリモフという人はタジク系です。大統領になったときはウズベク語をしゃべれなかったから、家庭教師についてウズベク語を勉強した。タジク語はペルシャ語に近いけれど、ウズベク語はトルコ語に近いから。そういうふうに民族意識が変容していくわけです。

宗主国なき帝国、植民地なき帝国

それでスターリンは、マルクス主義から新しく創造的に発展したのがマルクス・レーニン主義だと言いながら、実際は別の思想を採り入れた。それがユーラシア主義という地政学思想なんです。

このユーラシア主義の原型とはどういうものか。一九一〇年代の終わりから二〇年代にかけて、ロシア革命を嫌って、チェコやブルガリア、それからアメリカなどに逃げていったユーラシア主義者という人たちがいます。このユーラシア主義者たちは、さっき言ったように、アジアとヨーロッパの双方にまたがるロシアには、独特の法則があると信じている。しかし、このユーラシア空間のロシアというのは、ロシア正教の国ではありません。ロシア正教徒もいるけれど、スラブ人、チュルク系、トルコ系、ペルシャ系のイスラム教徒もいるし、モンゴル系の仏教徒もいるし、日本の神道に近いようなシャーマニズムを信じているアルタイ人もいる。他にもアニミズムを信じているような人たちもいて、多種多様な人たちがモザイク状に入り混じって住んでいる場所だった。だからそこは民族とか宗教などでは分けられない、独自のタペストリー（織物）のようになっているという考え方なわけです。

ユーラシア主義者はマルクス主義はきらいで、反共主義なんだけれども、ソビエトは支持する。ソビエトはユーラシア空間の中に事実として存在して、イスラム教徒を取り入れているでしょう。それは宗教を分節化の基準としない、地政学の原理でできている国だからです。だから亡命者のほとんどがソ連に反対しているにもかかわらず、ユーラシア主義者はソ連を断固支持するわけです。一部のユーラシア主義者は一九三〇年代にソ連に帰国して、だいたい銃殺されてしまうわけですが。

スターリンはこのユーラシア主義のドクトリン（教義）を密輸入してきて、それにマルクス・レーニン主義という衣をかぶせた形で、一種の「ソ連大国主義」をつくっていきますが、それはロシアナショナリズムじゃないんです。

なぜならスターリン自身がグルジア系で、ロシア人の血はたぶんほとんど入っていないから。オセチア系のグルジア人で、ロシア語もたどたどしい。スターリンのロシア語の文章はすごく読みやすいんです。なぜなら外国人が書いた文章だから。もしロシアナショナリズムがソ連の国家原理だったならば、スターリンのような人がソ連の指導者となって、ロシア人を含む多くの人々に大弾圧を加えるということはできなかった。

だからソ連がナショナリズムだというのは間違った考え方です。ソ連はスターリニズムです。しかし、このスターリニズムは普通の帝国主義とも違います。地政学に基づく帝国主義の特徴はまさにここにあります。

帝国主義国というのは通常、宗主国と植民地があるでしょう。中央アジア、コーカサスは決して普通の意味での植民地じゃない。そこから登用されて、権力の中枢に行く人はたくさんいるわけだから。

ということは植民地なき宗主国、あるいは宗主国なき帝国、植民地なき帝国なんです。しかし中心はある。それはマルクス・レーニン主義（科学的共産主義）というイデオロギーによって結びついたとされているソ連共産党中央委員会。その中央委員会、イデオロギーに権力の中心があったからです。

危険な物語に対する予防接種

じゃあ、今日の結論になります。地政学のポイントは、地政学は帝国と結びつく。帝国は国民国家を超える。その根っこのところには必ずイデオロギーがある。そのイデオロギーというのは物語の力なんです。

雑駁な話をしましたけれども、何か質問や意見等はありますか。あちこち飛びながらでしたが、最終的には収斂していきます。真理は具体的だからね。今、現実に起きていることや過去に起きたことと離れた空理空論は、地政学的な議論では意味がないんです。

それからこの講座は、皆さんを地政学陣営にオルグしようとか、それがいいよと言ってるんじゃない。これから地政学というものすごく危険な物語が出てくるから、それに対する予防接種をしておかないといけないということです。

それから、さっきの中室さんの『「学力」の経済学』の背後にある新自由主義的なモデルにはマリア・モンテッソーリがいたみたいに、知らないうちにファシズムが入ってくることがあります。ちなみに、ヴィルフレド・パレートって、名前は聞いたことがあるでしょう。社会福祉で出てくる「パレート最適」のパレートで、厚生経済学の人です。

戦前の辞書でパレートと引いてみるとおもしろいです。「ファシズムの理論家」って出ていますよ。どうしてか。ムッソリーニの先生だからです。ムッソリーニはパレートの影響を強く受けているんですね。スイスのローザンヌには「ファッショ・インターナショナル」というのがあって、ファシズムの考え方を世界に普及させるということを考えていた。そのうちの中心的な人物がパレートなんです。だから社会福祉思想の根っこにもファシズムがあるんです。

生協というと、いまの日本では左翼的に見られているでしょう。私が同志社大学の生協の組合員だったときは、組合員証に、「一人は万人のため、万人は一人のため」という生協のスローガンが書かれていたけど、あれはイタリアファシズムのスローガンです。だからファシズムはいろんな形でわれわれの思想に影響を与えているわけなんです。

労働者に失業させるような企業家は、牢獄にぶち込んでしまえとムッソリーニは言う。労働者が食えないような、文化的な生活ができないような賃金体系はおかしいから、それに対しては政府が介入して、企業の内部留保を吐き出させて賃上げする。その代わり、労働者には絶対にストライキをやらせない。働かざる者食うべからず。経済問題はすべて政労資の三者委員会によって調整する。これがイタリアファシズムの考え方です。

そうすると、いま日本では全労連という共産党系の組合が、企業の内部留保を吐き出して賃上げをしろと言っているけれど、こういう発想はマルクスの賃金論からは出てこない。マルクス経済学においては、分配というのは、資本家と地主間もしくは資本家間の分配しかないんです。マルクスの『資本論』の論理では、労働者と資本家の関係は生産論でなされるから、企業の内部留保は労働者と関係ないという考えになります。国家権力が力を利用して労働者への分配を増やすというのは、ファシズムの思想なんです。だから日本共産党の政策の中に、明らかにファシズムは入っています。しかし、それを実践したのは安倍首相なんですね。経団連に圧力をかけて、賃金を上げさせているんだから。

ということは第三者的に見たら、共産党と安倍さんはファシズムの賃金論を採用しているわけです。両方ともそう言ったら激怒すると思うけど。

でも、こういう形でファシズムって入ってくるんです。地政学もだんだん、こういうふうにして人びとの間に入ってくる。そうすると、われわれはそれが当たり前だと思って、その物語に囚われることによって、また大変な破壊に突き進んでいくかもしれない。こういう危険性がある。こんな問題意識をもってこの講座をやっているんです。

時間を超過してしまいました。じゃあ、ここまでにしましょう。

第二講

ハートランドの意味

複数パラダイムの同時進行

佐藤優です、よろしくお願いします。

今日は第二回の講義になりますが、今回が初参加の人はいますか？　けっこういますね。見ない顔がだいぶあると思った。そうしたら、前回の復習を少ししたほうがいいですね。私がどういう問題意識を持って地政学を扱っているかについて、もう一回話します。ただ、同じ話を二回聞かされるんじゃ前回も出席した人はかなわんと思うでしょうから、少し切り口を変えます。

国際情勢に関する個々の出来事については、新聞やテレビあるいはインターネットを通じて、正確な情報を大量に入手することができます。でもそれだけでは情報過多になってしまって、逆に国際情勢を読み解くことが難しくなる。ちょっと糖尿病に似てくるんです。どこかの猿山のサルが糖尿病が進行してものすごく痩せてしまった写真が出てたけれど、食えば食うほど痩せてくる糖尿病の段階ってあるでしょう。国際情勢もそれと同じで、情報過多になればなるほどわからなくなる。

今の司法試験は三回までしか受けられないけれど、昔は九浪とか一〇浪する人がいました。彼らの特徴は、余計な情報をたっぷり仕入れるのに、本質的なところを勉強しないこと。だから記憶が混乱して錯綜する。勉強法を間違えているんですね。情報をスリム化すればうまく合格するのに。国際情勢を理解するときも、それと同じような現象が生じているんだけれど、じゃあどうやってスリム化するか。

これは私の立てている仮説で、まだ誰も言ってないことですけれど、今、複数のパラダイム（位相）が同時進行して、人々に同じ程度の影響を与えている。――いま、「パラダイムとかわけわかんないことを言い出して煙に巻こうとしているな」と思ったでしょう？（笑）

じゃあ、最近の例から話しましょう。小保方晴子さんの博士論文を早稲田大学はついに取り消した。小保方晴子さんは怒り心頭に発している。早稲田大学はその反論をしている。こういう状況になっているんだけれど、あのＳＴＡＰ細胞をどう見るか。これは錬金術の歴史を考えないとわからないんです。参考書は、心理分析を始めた有名な心理学者であるカール・ユングの『心理学と錬金術』。この本を読んでもらえば、私の言っていることがいい加減な思いつきじゃないということは、わかっていただけると思います。

ギリシャ哲学の方法論は「観察」

その前に、ギリシャの話をしないといけない。ものごとを観察するという考え方は、ギリシャにしかありませんでした。ギリシャ語のテオリエ（teorie）は「観察」という意味だけれど、それがセオリー（theory）という言葉になっていくわけです。ものをよく見て、それはどうなってるんだろうと考える。ギリシャ以外の人たちは、そういうふうには考えなかった。

ものを見るときは何が必要か？　主体と客体、主観と客観でしょう。主観と客観に分けて、客観の対象を知る。こういう認識図式になるよね。西洋の人たちはそれで真理が得られると考えるわけです。

われわれ東洋の人は、いただきます、ごちそうさまと言うときに合掌します。合掌というのは、この主観と客観、主体と客体とは別の考え方です。なぜなら合掌しているときはどっちの手が押している側で、どっちの手が押されている側かわからないでしょう。だから主体とか客体とかいう問題設定に意味がない。

「ロバが井戸を見るということは、井戸がロバを見るということである」

これは維摩経《ゆいまきょう》の中にあるフレーズで、こんなふうに、あらゆるものは一つで二つに分けられないという考え方を不二法門《ふにほうもん》というんだけど、こういうのが東洋的なものの考え方の特徴です。

一方、ものごとを観察すれば、そこにある真理がみつかるはずだと考えるのがギリシャの特徴です。そういう考え方を徹底的に詰めていって、今でも人々に影響を与えているのがアリストテレス。アリストテレスは日本語で全集が出ていますから、彼の書いたものは基本的に日本語で読めます。ただし、岩波文庫に入っているのはアリストテレスの作品のなかでも上品なものだけなんです。アリストテレスは他にもいろんなことを観察していて、ウンコをずっと見て臭いの変化を研究したりもしている。そういったものは、アリストテレス全集の中の「小品集」というシリーズの中に入っています。形而上学とか自然学とかの中には入れられませんからね。

その中でアリストテレスは、「髪の毛の薄い男性がスケベなのはなぜか」ということまで観察して研究しているんです。彼は「スケベな人間は頭蓋骨の中にスケベ液というものが入っているのだ」と考える。この液が髪の毛にすごく悪い。でもまだ若いうちは頭蓋骨がピシッと合わさっているから、その液漏れが起きない。しかし年齢とともに頭蓋骨に隙間が生じて液漏れが起きると髪の毛が薄くなる。それだから禿げているやつはスケベである——この命題は正しいということを、彼はいろんな研究や事例の観察を通じて主張しています。当時は実験とか解剖という思想がないからね。彼は髪の薄い男性を詳細に観察しているうちに、その仮説を思いつくわけです。

しかし当時はこれがまさに科学（体系知）だったわけです。徹底的に観察して、それをもとに考えるということが。

こうして考えたことが世の中や人々の生活とどう関係するのかと思うけれど、そんな質問は意味がない。アリストテレスは自由人であって奴隷じゃない。だから役に立つか立たないかは関係ない。そういうことが問題になるのは奴隷の世界の話なんです。物事の真理はどこにあるのかとか、他の人がわからないことがわかるのがおもしろいから研究しているだけだから。ちなみに、リベラルアーツ（自由七科）というのは、奴隷じゃない自由人の科目ということですからね。奴隷は役に立つ技術を勉強する。自由人は役に立たないことを勉強する。

錬金術師は人の無意識を支配する

しかし、中世になるとそういう時代じゃなくなる。古代のように観察とかそういったことによって、空理空論を唱えているのはナンセンスだということになります。

この人の世は苦しい。だからどうすれば救われるかを考えるようになった。この世の終わりの日に神様の恩寵によって救われればいいと考えた人もいれば、瞑想で魂を極力軽くしていけば魂は天国に近づくと考えた人もいる。そういう考え方をあらわしたのが、『不可知の雲』です。関心がある人は、現代思潮新社から『不可知の雲』（作者不詳）という本が出ているから読んでみてください。中世的な思考がよくわかるから。

個々のパソコンにソフトをインストールしなくても、ネットワークでサービスを提供できるシステムをクラウドコンピューティングというでしょう。クラウド（雲）という言葉が使われるのは、クラウドというのが中世的文脈において知恵の塊だから。雲に知恵が入っているという考え方は、この『不可知の雲』などに現れています。

その中で生まれた体系的な世界を変容させる学問がアルケミー（Alchemy）。これは化学と一緒で、変化させる学なんです。このアルケミー——とりあえず変化術と名付けておきましょう——この変化術の奥義を身につけたら、いくらでも富を得ることができるわけです。すなわち卑金属をすべて金にすることができる。それから不老不死が可能になる。錬金術というのはこのアルケミーにあてた日本語訳だけれど、金をつくり出すというのはこの錬金術という体系知のごく一部にすぎません。

これを東洋的な観点でいうならば、神仙の術です。神仙の術の目的は不老不死だと思われているけれども、神仙の術を身につけると、同時に財宝も手に入るんです。ですから神仙の術というのは東洋の錬金術なんです。肝を鍛える練丹術なんて言ったりすることもありますけどね。

それで錬金術は、必ず実験室を持ってないといけない。そしてその実験室において、フラスコとか試験管とか用意して、乾いた道、湿った道という二種類の方法によって実際に金をつくり出さないといけなかった。

錬金術って、何百回も何千回も成功しているんです。実際に金が生まれている。しかし、そんなことは近代科学的には絶対あり得ないですよね。卑金属は貴金属にならないから。

ということは、錬金術師は何をやったのか。手品をしていたわけですよ。どこかから金を持ってきて、あたかも鉄や鉛やあるいは黄銅から金が生まれたように見せかけていただけ。

ときには馬糞から金が生まれるなんてことをやった錬金術師もいます。

ここでユングは錬金術の秘密を解き明かしてこう言っている。錬金術師の特徴は、そこにいる人たちの無意識の領域を支配する能力を持っていることだと。すなわち論理で理解できるような意識とか認識を支配するだけではなくて、いかに荒唐無稽なことであっても、この人が言うならば本物だと思うような人間関係を構築して、いわば磁場を変えてしまう力があるのが錬金術師なんだと。

小保方晴子さんには錬金術師の力があった。それだからSTAP細胞なるものができたということを、日本でノーベル賞候補の一人に挙げられた笹井芳樹さんや、ノーベル賞を受賞している野依良治さんたちは信じたんです。

着想、理論、証明

皆さんの中で理学部の数学科出身の人はいますか？　工学部出身の人、あるいは経済学部出身で統計学とか経済数学をやった人はいますか？

小学校のときお母さんが公文式に熱心に通わせてくれたので、計算は速い。中学校でも数学は得意で、高校でも数Ⅲまでかなり早いうちにやってしまった。それだから自分は数学が得意なんだと思って理学部の数学科に行くと、ひどい目にあうよね。工学部で使う数学、あるいは経済学部で使う数学と、理学部の数学というのは本質的に違う。理学部の数学はどちらかというと芸術学部に近い。誰も考えてないようなことを思いつくことに価値がある。その意味においては、理学部というのは哲学とか芸術学と非常に隣接しているんだ。理論物理もそれに近いところがあると思う。

だから計算が速いというだけで理学部の数学科に行くと、大変な悲劇が待っているんです。まったくの一般論で、特定の人を想定してるわけじゃないけど、自分は数学者になれない、大学ももう六回生までやってる。大学の先生になれないんだったら死んだほうがいい。しかし自分で死ぬのは怖いし、痛い。そんな悩める若者に、

「おいおい、死に場所を探しているのか。それなら俺がいいやり方を教えてやるよ。トルコまで渡ればその先の『イスラム国』の領域には簡単に入れるぜ。野戦司令官に知り合いがいるから」

なんてことを言ったとっつぁんがいた。まったくの一般論ですよ。仮に、関西の某難関高校を卒業して、その後早稲田大学の政経学部を一年で中退して、東大の文Ⅲに入ってイスラム学科を第一期で卒業しているおっさんがいるとする。それで神保町あたりの古本屋のオーナーが精神医学に詳しい人かなんかでね、メンタルに問題があるやつは紹介してくれとかって、そのおっさんに頼んでいた。――これ、まったく私の想像の話で、裏取りはしていない話として聞いておいてほしいんだけどね。

そういうふうにして戦闘員を呼び集めていくという悲劇が生まれる。それを事前に止めたんだから警察も頑張ったと思いますよ。私戦予備・陰謀という刑法の項目ができたのは、西郷隆盛対策だからね。西郷隆盛が勝手に戦争をしようとして西南戦争をやったでしょう。だからもし西郷隆盛みたいなやつが出てきて、勝手に軍隊つくって外国を攻めていくといけないから、私戦予備・陰謀という法律の項目をつくったんです。ところが西郷隆盛みたいなやつは二〇一四年までずっと出てこなかったから、実際に適用することはなかったんだ。これはもとはといえば、理学部の数学科に勘違いして進んでしまったことが生んだ悲劇だと思う。

つまり現代においても何か新しい理論を生みだすには、まずそれをパッと思いつくことが大事です。でもそれはいわば天才しか思いつかないから、なぜそうなるのか、それが本当に正しいのか、周囲の人間にはわからない。それを証明してみせるには、とりあえず理屈で解明し、次に追加的な試験をしてそれを実証していくというやり方をとる。

ということは、「観察して思いつく」という古代的なものの考え方と、「実験で実証していく」という中世的なものの考え方が合わさっているのが近代以降の科学のあり方なんです。だからどこか根っこにおいて、合理性だけじゃ割り切れない部分がある。それで小保方さんの件みたいなことが出てくる。

だから近代主義的な図式で論理を重視して思考する人たちの発想の中にも、どこか近代より前のプレモダンなものがあるわけです。

この中で、地球のまわりを太陽が回ってると思っている人がいたら手を挙げて。大丈夫だね、そのへんは。じゃあ人類が月面に到達していないと思ってる人は？　人類が月面に到達したかどうかってことを証明するのは非常に難しいんですよ。前回、ウォール街は爬虫類から進化した人類に支配されていると信じている編集者とライターの話をしたけれど、やっぱり人の観念というものを外部から変更させることはなかなか難しいことです。実は近代の思考の罠は、まさに観念論なんです。自分が何かを考えるということに関して、それがどうして正しいのか、どうして間違っているのかを判定する基準をどうするかがなかなか難しい。たとえば今、皆さんには私の顔が見えているでしょう。しかし、脳の中のどこかに電流を当てて刺激を与えれば、これと同じ映像がきっと見えると思うんです。じゃあ、私が実体として存在するかどうかはどうやって担保する？　あるいは皆さんがこの瞬間死んでしまったとして、そのあとも世界は存在するんだろうか。

こういうような形で議論を組み立てていくと、最終的には、世界はあるかもしれないし、ないかもしれないという不可知論に陥っていくわけです。常識ではそんなことまで考えないけれど、哲学者というのはそういうことを考えている。

そうすると、近代的なものの考え方によって世の中を全部把握できるという発想が、実は相当な勘違いだということがわかる。だからわれわれが意識していない領域の問題をいくつか具体的に出すことによって、われわれの思考の幅を広げる必要があるんです。今はもっぱら心理学者がこういった仕事をやっているけれど、もともとこれは神学の仕事です。目に見えないけれど、確実に存在するものをどうやってつかんでいくかというのが神学の課題だからです。

政治家が占いを信じる理由

しつこいようだけれど、さらにいくつか例を挙げましょう。皆さんの中で、占星術師に運勢を見てもらったことがある人はいる？　いたら手を挙げてみて。はい。そのとき占い師に生年月日を訊かれたでしょう。その次に何を訊かれましたか？

――生まれた時間を訊かれました。

時間を訊かれた。どこまで訊かれました？　できるだけ正確にって言われたでしょう。分単位、あるいは秒までわかるともっといい。でもそれは無理だから、分単位までわかったら教えてくださいと言われたんじゃない？　私だったら、一九六〇年の一月一八日の午前一〇時二分に生まれた。この分単位までの確定が必要。どうして分単位までの確定が必要なんだと思います？

――星の配置を、生まれた瞬間の緯度経度で知るから。

そのとおり。生まれた瞬間における星の配置によって、基本的にその人の運命の基本が決まるわけね。そのあと星がどういうふうに動いていくかで運命が変わっていく。これは基本的に天動説なんですね。占い師で地動説をとる人は一人もいません。地動説では占いはできない。

占いって、それなりに人の生活に影響を与えるでしょう。政治家でも星占いを信じる人はけっこういる。でも週刊誌に載っている「今週の星占い」なんかじゃダメだよ。今週は何座の人はこうだとか、誕生日が近い人を一緒くたにするような方法では、絶対に個人の問題を解決できるはずがない。星占いの基本的な考え方は、一人ひとりの星の配置がみんな違うということです。だから何月生まれの人、何座の人の運勢はこうですというのは相当いい加減な星占いですよ。でもそういったいい加減な星占いでも、政治家を見てごらん。私の経験では、閣僚以上の政治家は、占いのページは絶対に見ない。それは信じないからじゃなくて、悪いことが書いてあったら不安で不安でしょうがなくなるからです。それから、ある程度より上の政治家になると、おみくじも嫌がります。万々一引かざるを得ない状況になって凶でも出ようものなら、一万円使ってでも大吉が出るまで引き続ける。政治の世界というのは、努力である程度のところまでは行くでしょう。ところがその先は運の良さが関係してくるからです。この人たちの中には近代科学とは別の世界観が潜んでいるんです。それだから占い師は、すごく政治家に食い込んじゃう場合があるんですね。

京都の清水寺に行ったことがある人はいますか？　けっこういますね。では、京都の清水寺の中に地主神社という神社があることは知っていますか？　清水寺の境内に、飲むと長生きする水とか、健康の水とか、滝から水が三つ出ているでしょう。そこの脇の階段を降りて右側に神社があるんです。もともとは神仏混淆だったので清水寺と一体となっていたところが、神仏分離でその地主神社だけは神社になった。あれはなんの神社かわかりますか？

――縁結びですか？

そう、縁結びの神社なんです。ロシア科学アカデミー民族学・人類学研究所という研究所があって、そこにコーカサス部長をつとめているセルゲイ・アルチューノフ博士という人がいます。ソ連で戦後はじめて日本に留学した人です。日本語をはじめ七カ国語で論文を書くことができて、演説ができる。話すだけなら四〇カ国語を解する、「歩く百科事典」と言われているロシアの学者です。私がその先生を京都に案内して清水寺に行ったとき、地主神社にも行きました。

「ここは縁結びの神様として有名なところで、修学旅行の中学生や高校生がたくさん集まってきます」

と私が説明したら、アルチューノフ先生はこう言うんですね。

「それなら、ここには相当強力な縁切り部門があるはずですよ」

私はそんなこと全然知らなかったから驚いた。

「縁結びというのは基本的には道教から来ています。道教の考え方からすると、これだけ縁結びのエネルギーがあるということは、そのぶん縁切りのエネルギーが溜まっていますから、裏で相当強力な縁切りをやっているはずです」

そこまで言われたら関心が出てきますよね。だから社務所を訪ねて、「縁切りのほうをやりたいんです」って言ったら、「ああ、縁切りですか、どうぞ」と裏に通されて、「そこに縁を切りたい人の名前を書いてください」と人型をした紙を渡された。

水を張った竹のタライが置いてあって、そこにその紙を入れると、水溶紙でできているのか、紙が溶ける。「それでこの人との縁は切れます」というんですね。そんなふうに、縁結びの愛の力と同じぐらい、強い呪いもかけられる。といってもあまりそちらを宣伝すると神社にとってプラスにならないから、知っている人は少ないけれど、やる人が少ないということはそれだけ効果も絶大なはずですよ。

ちなみに明らかに殺意をもって呪いをかけても、警察には捕まりません。今の刑法ではこういうのは不能犯といって、犯罪行為にはあたらないんです。要するにお百度参りと一緒で、呪いはいくらかけても刑法上の犯罪にはならない。不思議だよね。こういう複数のパラダイムがわれわれの中にあります。

プレモダン、モダン、ポストモダンの混在状況

そうすると国際政治も例外じゃないわけですよ。たとえばTPP（環太平洋戦略的経済連携協定）がほぼ決まりましたね。新聞報道によると、TPPは三一分野をカバーして、工業品の関税は九九％撤廃される。そうすることでアジア太平洋地域の人や物の移動が活発になるので、世界の国内総生産の四割近くを占める人口八億人の最大の自由貿易圏が誕生すると、一〇月五日の日経新聞の電子版に出ています。

ヒト・モノ・カネの動きが自由になるなんて、まさにポストモダン的でしょう。主権国家に人の動きやお金の動きも縛られているのに、こういう国家の束縛からわれわれは自由になるという動きが進んでいるように見える。

ではなぜ慰安婦問題をめぐって、日韓はこんなに角突き合わせているのか。あるいは徴用工の問題。あるいは竹島の問題。尖閣の問題。あるいは南沙諸島の航行の自由の問題。

これらも国家主権と航行の自由をどういうふうに考えるかという、極めて近代的な主権国

家を前提とした話でしょう。こんなにグローバリゼーションが進んだのに、なぜそれと同時に主権国家的な傾向が進んでいるのか？

さらに言うならば、沖縄においては今、辺野古の新基地建設反対という形で、「オール沖縄」という結束が生まれています。その結果、沖縄人による自己決定論が強まっている。これは沖縄の日本からの分離独立につながる可能性もあるんだけれど、自己決定論なんて近代主義そのものでしょう。なぜこういうことが起きているんだろうか。日本独自の現象なんだろうか、それともアジア独自の現象なんだろうか。

たとえばイギリスを見てみましょう。イギリスのシティというのは、国際金融の中心地の一つだから、イギリスはグローバリゼーションの基幹国の一つです。ところがそのイギリスのスコットランドが、今やイギリスから分離独立しようとしている。

この二つの動き、ポストモダン的な動きとモダンの動きをどう見るか。しかもスコットランド人たちにとってすごく重要なのが、スコットランド語でキルクと言われているところのスコットランド国教会です。イングランド国教会の系統の大学は日本でいうとどこですか？

——上智ですか？

違います。上智はカトリックでイエズス会。イングランド国教会系は、立教大学だよね。

スコットランド国教会の系統は明治学院。スコットランド国教会は長老派、カルバン派なんです。教会が全然違うんです。

実際はスコットランドでも教会に通っている人間なんてほとんどいない。しかし最近の統計では、四割以上のスコットランド人が自分たちはスコットランド国教会のメンバーだと思っている。これはすごくプレモダンな現象ですよ。スコットランド国教会は、近代的な合理主義以前の教義によって成り立っているんだから。

沖縄の場合はどうでしょう。たとえば沖縄人には、危機的な状況になると「セヂ（高精子）がつく」という感覚があります。これは目に見えない特別な力で、セヂがつくと強くなると言われている。翁《お》長《なが》雄《たけ》志《し》知事にはセヂがついている。セヂというのはペンについたり、ナイフについたりすることもある。われら沖縄系の人間にはその感覚がよくわかるんです。

それから、魂って通常、日本人は一つしか持っていないけれど、沖縄人には魂が複数ある。魂が六つあるという人もいる。だから木から落ちたり、うんとびっくりしたりすると、魂を一個落としたりするんですね。そんなときは占い師に見てもらって、マブイグミといって、魂をもう一回入れ直しに行く。沖縄にはいくつかのことを器用に同時並行的にできる人が多いんだけれど、これはたぶん魂が複数あるという発想があるからです。だから私だってキリスト教的な仕事もすればこういう講義もするし、比較的守備範囲が広いでしょう。これは魂が六つあるから、意識しないでも思考がすっすっと切り替わるわけです。

こんなふうに、プレモダンな要素とモダンな要素とポストモダンの要素が入り乱れながら現実の政治や社会は動いているわけです。ところがわれわれが、日常的に用いる分析道具としては、モダンな道具しかない。このコミュニティカレッジがある池袋西武は、八〇年代にはそのモダンなるものに抵抗するポストモダン的な一つのセンターだったんです。しかし、あの当時のポストモダン、小さな差異の戯れというのは、結局のところは本当の意味でのポストモダンというより、新自由主義的な近代主義の中に回収されていった要素が強いと、私は思っています。

いずれにせよ、われわれがポストモダン的な訓練を受けているということはすごく重要です。ポストモダン的な訓練を受けていると、まさしく浅田彰さんが『逃走論』の中で言ったように、シラケつつノリ、ノリつつシラケることができる。だから自分が言いたいことは真面目に言うけれど、「それ以外に真理はない」と言い張ってカッとなるようなことがない。「自分が言っていることにも嘘っぽいところがあるよなあ」というように、どこか突き放した感覚が出てくるということですね。一種の相対主義というべきものがわれわれの中に入っているというのは、これはものすごく重要なことです。

たとえば今、『巨人の星』を放映しても、笑い話として二、三回は見ても、その先は誰も見ないと思うんだな。でも『ゲゲゲの鬼太郎』は今でもみんなけっこう見ると思う。それは『ゲゲゲの鬼太郎』は、プレモダン的な妖怪を題材としているがゆえに、ポストモダン的な要素があるから。それに対して『課長島耕作』とか『巨人の星』というのは、モダンそのものだから古さが目立つんです。

時代が変わっても、変わらないのが地理

さて、じゃあ、国際政治にどう引きつけていくか。さっき占星術の話をしましたが、占星術の論理で天文学はできないし、錬金術の論理で自然科学はできないですよね。だから天文学で天体を見るときと、占星術で天体を見るときとでは、見方を変えないといけない。パラダイムごとにスイッチを切り替えて分析していかないといけない。それでその偏差を見ていくという分析の仕方もあるけれど、手続きが大変だし、それぞれの文法を知らないといけない。

じゃあ、もっと楽にショートカットできる道はないかということを私は考えている。それが地理です。なぜなら地理的な要因はそう簡単に動かないし、地理的要因によって規制されることがたくさんあるからです。

マッキンダーというのは、そのことに気づいていた人だと私は思っています。彼はポストモダンとは言っていないけれど、プレモダン的な表象とモダンな表象が混じり合ってパラダイムが崩壊していく中において、それでもなかなか変わらない要素がある、それが地理なん

だということに気づいた人だと思うんですよ。

それをこれからマッキンダーの本を読んで勉強していくわけです。彼の主張はいわゆる「地政学」と言われています。しかし、日本で出ている地政学関係の本はほとんどダメです。なぜなら「地『政』学」であって、政治の話がほとんどだから。「どこに地理が関係あるの？」という程度にしか地理の問題が扱われていない。地政学で重要なのは、地理的制約条件です。ところがわれわれは、この地理的制約条件や、地理が政治や軍事に与える影響がわからなくなってきている。どうしてでしょうか？

戦後の地理学は、地史、自然地理と人文地理を混ぜてカクテルにしている。だから半分は氷河期の話とか、地球のマントルの動きとか、植生とか、どちらかというと地学で扱うテーマが主です。それと各国事情がどうなっているかということばかりで、地理と人間の経済がどういう関係にあるのか、地理と人間の政治がどういう関係にあるかということについてはほとんど扱っていない。ただ、最近になって少しだけ国家間の結びつきを扱うようになったぐらい。

これは戦前の日本の地理学が、ほとんど地政学だったことに対する反動です。地政学はナチスの公認イデオロギーでした。日本でもさまざまな地政学派があったし、京都学派は非常に地政学的な考え方をしていました。それに対する反動から、「地政学というのは戦争に直結している学問なので扱わないほうがいい」と封印してしまった。だから現在のわれわれは地政学がよくわからなくなってしまったんです。

本当は、ハウスホーファーもちゃんと勉強したほうがいい。あるいは現代のロシアのドゥーギンなども学んだほうがいい。ところがわれわれは、地政学の根っこの政治地理からあまりにも切り離されてしまった。

マッキンダーは地政学の理論家のように思われているけれど、彼の主張は「ドイツ人の地政学的な考え方を警戒しろ」ということです。彼の場合、地政学という言葉は使わないけれど、「地政学という恐ろしい思想があるから、その内在的論理を理解しておこう」という、民主主義国家の敵としての地政学という認識をしているんですよ。だから戦後民主主義的な環境の中で勉強したわれわれでも、このマッキンダーの内在的な論理は比較的よくわかる。

三次元で地図が読めるドイツ人

それじゃあ、今日『マッキンダーの地政学』を持って来ている人は、ご愁傷様というか大当たりです。持っている人から順番にブロックごとに読んでいってください。まず二六ページの最後の行から読み上げてみて。比較的ゆっくり、本を持っていない人がちゃんとわかるようにね。どうぞ。

ここでちょっと話題をかえると、ドイツ人の地図好きは、ずっと昔から有名だった。ことにその戦争地図のやたらに多いことが、しばしば物笑いのたねになった。しかし英米両国人のなかで、過去約一世紀間ドイツの国民教育において地図がはたした役割の重大さに気がついた者が、はたしてどれくらいいるだろうか。事実、さまざまな種類の地図はドイツ文化の重要不可欠な構成部分であり、あらゆる教育を受けたドイツ人は、いっぱしの地理学者になっていた。が、これにくらべられるような実例は、英国人やアメリカ人のあいだではきわめてまれである。

（二六 - 二七頁）

これは本当にそうです。ドイツ人だけじゃなくて、チェコ人もポーランド人もロシア人も地図をよく読むことができる。ほとんどの日本人は地図を二次元でしか読めないでしょう。ところがドイツ人たちは、地図のいろんな記号を見ただけで、「ここは山だ」「ここは果樹園だ」「ここは発電所で送電線が張ってある」というように、そこにあるものが映像で浮かんでくる。それは小学生のころから地図読みの教育を受けているから。高校の地理の教科書でも、小地形を読む、大地形を読むというように、どうやって立体的に地図を読むかについて、三〇ページぐらい割いてきちんと説明しているんですね。

そうすると一枚の地図を見ることによって、三次元の立体的空間的感覚がつかめるようになる。それを日常的に把握しているかどうかによって、だいぶ発想が違ってくる。マッキンダーは、われわれイギリス人は地図をベタに平面で見てしまうけれど、ドイツ人は三次元で見ているということを強調しているわけね。

ロシア人の国境は「線」でなく「面」

じゃあ、次の人、先へ行きましょう。

> ドイツ人は地図のなかに、ただ単に条約その他によって決められたありきたりの国境を見るばかりでなく、同時にその不変な地形的要素のなかから、どういうふうに発展の契機を読み取るかという、文字通り方法手段としての地図の読み方を永年訓練されてきた。したがってドイツ人のいう現実的政策《リアルポリティーク》は、いつも彼らの頭のなかにある地図とむすびついている。（二七頁）

たとえばウクライナ情勢。東ウクライナと西ウクライナが対立してるということはよく言われるでしょう。ｉＰａｄかｉＰｈｏｎｅを持っている人は、「カルパッチャ地方」、あるいは「カルパッチャ州」というのをちょっと引いてみてもらえますか。あるいは「カルパチア地方」になっているかもしれない。

カルパッチャ州というのは、ウクライナの一番西側、ハンガリーとスロバキアの国境と接しているところにあります。ウィキペディアでは、「ザカルパッチャ州」という表記になっている。それを見てもらうと地図が出ていますが、色が塗ってあるこの一番端の地域がカルパッチャ州です。ここはウクライナの一部でありながら反ウクライナで、なおかつ強力な親ロシアなんです。これからウクライナでトラブルが起きるとしたら、ここの場所でしょう。なぜか？　平面で見ているだけじゃわからない。西ウクライナとこのザカルパッチャの地理的条件に注目しないと。

「ザ」というのはスラブ系の言葉で、「〜の向こうに」という意味だから、ザカルパッチャというのは「カルパチア山脈の向こうに」という意味です。すなわち日本アルプスみたいな大きな山脈があって、その山脈を隔てた向こう側の盆地なんですね。歴史的にはハンガリー、チェコスロバキアに属していた。一九一八年にチェコスロバキアが建国されたとき、チェコスロバキアはチェコとスロバキアとポドゥカルパツキー・ルスという三つの部分からできていた。ポドゥカルパツキー・ルスとは「カルパチアの麓のロシア人」という意味です。

ここの人たちは自分たちのことを、九八八年にキエフ・ルーシにキリスト教が導入されたときのロシア人の末裔だと思っています。キエフのあたりまでタタール人たちが攻めてきたから、そこから逃げ出してカルパチアの山奥に入っていた自分たちがロシアのルーツだと考えている。だからモスクワに対する親しみがすごくあって、いまだにモスクワとの関係がいい。

この人たちはウクライナとスロバキアを嫌います。なぜなら国境が接しているから。チェコとロシアが好きなのです。どちらも国を一つまたいだ向こう側にあって、直接の接触がないから。だからロシアとチェコは「カルパチアの連中はかわいいやっちゃ」ということで支援してきた。それだから第一次チェコスロバキア共和国のときは、一つの構成部分を成していたわけです。

一九三八年のミュンヘン協定でチェコスロバキアは分解されます。ボヘミアはドイツに併合され、モラビアは保護国になり、チェコは二つに割れ、スロバキアは独立国になった。カルパチアはウクライナに併合させられた。

第二次世界大戦が終わり、ソ連赤軍が入ってくる。チェコスロバキアはプラハまではソ連軍によって解放されたけれど、西側のプルゼニュ――ドイツ語読みだとピルゼンビールで有名なピルゼン――は、アメリカ軍によって解放された。それで一九四八年までは共産党側と非共産党側が本当に信頼関係を持った連立政権をつくっていた。その年の二月にクーデターが起きて、共産党が権力を握ってしまうわけですが。

スロバキアの共産主義者たちはソビエトに加盟したいと言い出した。こういう動きはブルガリアなどでも一部にありました。ところがソ連人というのは、これはロシアの領土観、国境観、地政学観でとても重要になるんですが、あの人たちは国境を「線」で考えないんです。

あの人たちは国境を「面」で考える。線の国境は不安なんです。線で国境を引いても、その向こう側に一定の区間でロシアが自由に行き来できるような地帯、戦略用語でいうところのバッファー、つまり、緩衝地帯を必要とする。

それだからソ連は、本当は東ドイツだって、ポーランドだって、チェコスロバキアだって、ハンガリーだって、バルト三国のようにソ連に併合することはできた。ソ連というのはソビエト社会主義共和国連邦だから、それぞれの主権国家がソ連へ加盟する権利と脱退する権利を持っているという考え方です。脱退権もあるんですよ。だから、一九五〇年代ぐらいまでの左翼系の文献は、ソ連邦という言葉を使っていなかった。ソ同盟という言葉を使っていた。これは同盟なんだと。だからその同盟条約に加えれば、東欧諸国を拡大することができたはずなんですよ。しかし、スターリンはそうしなかった。どうしてでしょう。直接国境を接するようになると、そこから西側諸国と大変な衝突が起きる可能性があるから。だから国境の外側にソ連が優位性を担保して自由に動ける領域を確保したんです。ただしそこはソ連体制と同じではなくて、少し西側に近い体制の領域、こういうバッファーをつくる必要がある。

緩衝地帯の重要性

たとえば東ドイツを考えてみましょう。皆さん、東ドイツが複数政党制だったことは知っていますか？　社会主義統一党というのは、共産党と社民党が対等合弁でできた政党なんです。それ以外に、自由民主党という政党もあった。農民党という政党もあった。あるいは、皆さん驚くかもしれないけれども、キリスト教民主同盟もあったんです。さらにナチス党もあった。元ナチスの党員やドイツ国防軍の幹部で、東ドイツに残って悔い改めた人が、国民民主党という政党に加わることができた。キリスト教民主同盟と一緒に、議席も五二議席（総議席数五〇〇）もあてがわれた。複数政党制だけど、最初から議席数が決まってる。だから政権交代は絶対ない。しかしその議席を党内で争っての競争はある。一九六〇年代ぐらいまでは、キリスト教民主同盟と社会主義統一党ってけっこう緊張していたんです。その意味においては、東ドイツには野党的な機能を果たすような政党があったんですね。

あるいは、ポーランドやハンガリー、東ドイツもそうだけれども、教会の活動は、ソ連と比較すれば自由だった。チェコスロバキアや東ドイツでは牧師や神父は国家公務員だったんです。国が給料を出していた。これはそれまでのヨーロッパの領邦教会制度の延長線上です。でも同時に、国が給料を出していたほうがコントロールしやすいでしょう。ソ連の教会では国家と教会の分離は厳格になされていたから、そんなことはあり得なかった。あるいは企業でもそうです。ソ連で人を雇って、もし喫茶店か何かを営業したらどうなると思う？　これは大変です。

私がモスクワに赴任した一九八七年ごろはコーヒーなどがすごく不足していた。われわれが普通に考えるような自由な流通ができないから、たとえばコーヒーをどこかで買ってきて国定価格と同じ値段で渡すとか、タダであげるのなら全然罪にならない。ところが買った値段より高く売って利ざやを稼ぐ、今でいう「せどり」をすると、これは投機行為罪になる。投機行為罪は罰金ぐらいですむ。ただ、人を五人ぐらい雇うでしょう。それでコーヒーを大量に買って、いろんな人に、「それを売ったら歩合でいくら渡す。残りはこっちに上納して」とやったら、どうなると思う？　これは投機行為罪ではすまない。資本主義幇助罪になる。これはシベリアに七年送られる。瀬島龍三とか内村剛介とか、ああいう人たちはシベリア抑留一一年とか食らったでしょう。罪状の一つに資本主義幇助罪がついたんです。だから内村剛介も抗議したわけです。

「おかしいじゃないか。資本主義国家から来た私が、なぜ資本主義幇助罪にかけられないといけないんだ」

「いや、ソビエト法ではそうなっているんだ。おまえは資本主義をソ連に復活させようとした」

資本主義幇助罪は重罪ですからね。でも、そういう個人経営の卸売り屋やカフェは、ポーランドやチェコには普通にあったし、ベッド・アンド・ブレックファスト、民宿などもあった。一〇人以内ぐらいの私的な経営なら、東欧諸国ではだいたい認められていたんです。

こういうふうにして、西側と比べれば自由は少ないけれど、ソ連と比べればだいぶ西側的だというバッファーがある。しかし、ソ連が必要と思えばいつでも戦車で行ける。こういう地域が必要なんです。

話は飛ぶけれど、一時期、北方領土の面積二分割論というものが出たことがあったでしょう。択捉島の四分の一ぐらいのところで国境線を引けばいいという案。もうそれを聞いた瞬間、ロシア問題の素人がつくった案だと私にはわかる。どうしてかというと、ロシアとそういう直接の国境を持ったらどれだけ大変なことになるかがわかっているから。だから三島返還論なら「ロシアのプロがつくったな」と思うけれど、面積二分割といったら、「ああ、これはもう完全に素人だ、ロシアからもバカにされるな」と思うのです。

じゃあ、極東を見てみてください。なぜモンゴル人民共和国をソ連に加盟させなかったか。中国とのバッファーにしたかったからです。中ソ国境紛争が起きるのは、直接国境のあるところでしょう。モンゴルと中国の間では国境紛争は起きなかった。こういうバッファーの思想というのがロシア人にはある。

ハートランドを制する者が世界を制す

ここで、今回、配った資料を見てください。これはマッキンダーの原書をコピーしたものです。ハートランドという地政学上の要となる場所が世界には二つあるというのがマッキンダーのモデルです。一つはユーラシア。ロシアのあたりから、中国の内陸部に入ってくるところですね。それからサハラ砂漠の下の南アフリカ。この二カ所をマッキンダーはハートランドと呼んだ。住むのがとても難しいけれど、豊かな資源がある地域。このハートランドを押さえた国が世界覇権を握るというのが、マッキンダーの仮説です。

そして、沿岸地帯。沿岸地帯は、世界から大きく見ると二つしかないんです。中国からインドまで、あるいはカムチャツカ半島までの沿岸。モンスーン気候の影響を受ける、穀物がたくさんとれる、人口がたくさんいる地帯です。それからヨーロッパの沿岸。同じくヨーロッパの暖流の影響を受けて、比較的雨がよく降って、食物がよくとれる。こういったところに世界の中心がある。マッキンダーはこういうモデルで世界を見ていきます。

サハラというのは、このアフリカとヨーロッパが断絶する部分です。このサハラ砂漠というのは通行が難しい。アラビア砂漠はそれと比べると比較的通行しやすい。そうすると二つのハートランドをつなぐ点のところにアラビア半島がある。だから石油が出るとか出ないとかいうことと関係なしに、アラビア半島というのは地政学的な要衝で、このアラビア半島をきちんと押さえれば、二つのハートランドに対する影響力を行使できるようになる。

ざっというと、この地図一枚で表せることが、基本的にマッキンダーの考えている世界論です。

この話はこれから何度も出てきます。この講義は漆塗り方式でやります。漆というのは一

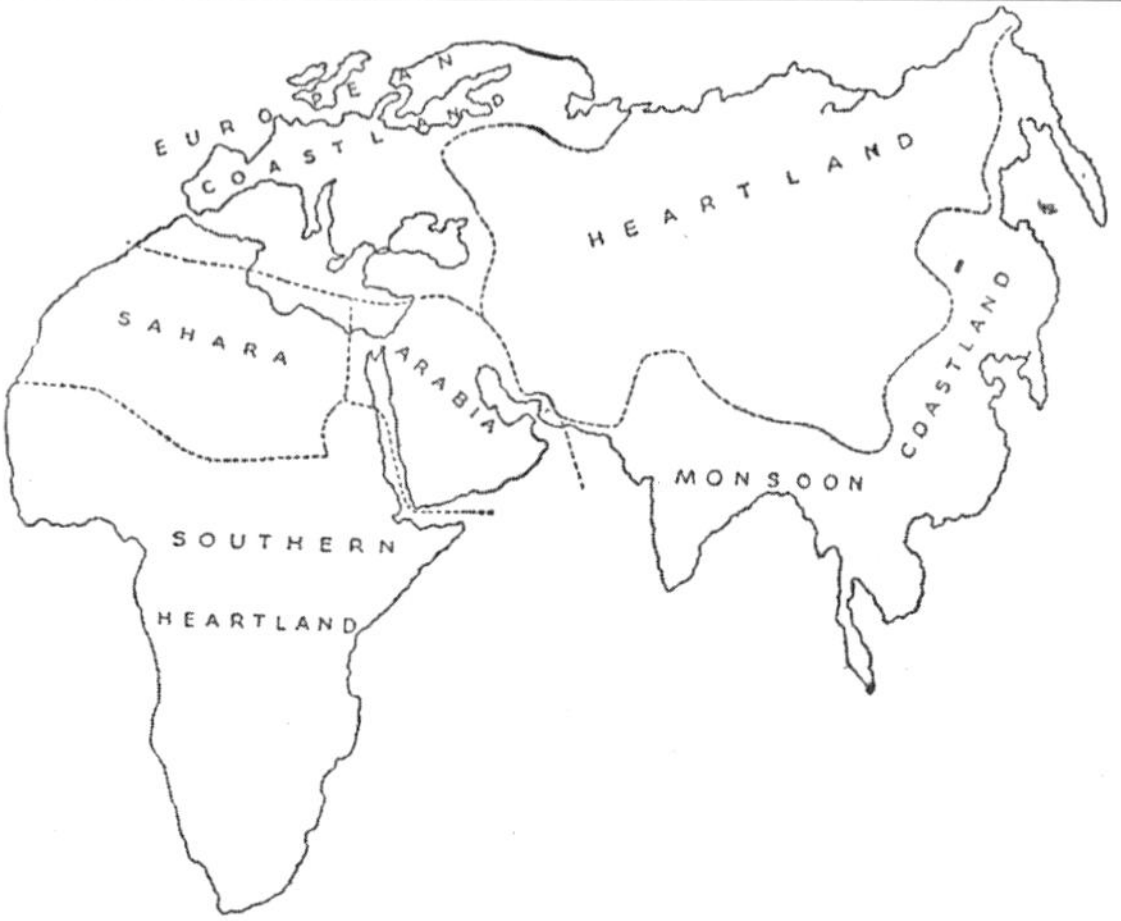

FIG. 16.—The World-Island, divided into six natural regions. (Equal areas projection.)

"Democratic Ideals and Reality", p.63 より

回塗っただけでは完成しない。最初に薄く漆を塗って、もう一回漆を塗って、もう一回漆を塗って、それが厚い漆になっていくように、何度も同じ話に立ち返ってきます。われわれはこの全五回の講義を通じて、マッキンダーの発想というのを自家薬籠中のものにしたい。そのためには現在の地理の問題や国際情勢に関する話、あるいはパラダイムの違いの考え方とか、いろいろなことを入れ込まないと、このマッキンダーの本は理解できないんです。

今、読んでいるところは、マッキンダーが、敵が考える地政学について考察している箇所です。すなわちドイツ人に固有の大陸的な地理を重視する考えについて説明しています。マッキンダーの理

論は、「ハートランドを支配するためには東欧を支配しなきゃいけない。ハートランドを支配した者が世界を支配する」という、こういう三段論法です。だからマッキンダーが警戒するのは、ロシアとドイツです。そのロシアとドイツの間にくさびを打ち込むために、東欧に海洋国家が必要。海洋国家というのは民主主義国家だというのがマッキンダーの発想なんだけれど、それでくさびを打ち込む地域をつくらないといけない。こういう発想です。

領海はどうやって決めるのか？

それでは、もう少し先を読んでみましょう。

さっきのカルパチア地方の話にもう一回戻すと、共産主義政権になる前のチェコスロバキア政府は、カルパチアをソ連に割譲しました。あそこにいるのはポドゥカルパツキー・ルス。すなわちカルパチアの麓のルシン人ではなくて、ザカルパチア地方のウクライナ人だ。だから民族統合原則によってウクライナに割譲するという理屈でソ連に割譲した。

その結果、ソ連はハンガリーと直接国境を持つようになった。ハンガリーというのはもともと大国で、ソ連とも戦争をしている。だからチェコスロバキア大統領、エドヴァルト・ベネシュはこう考えた。もしハンガリーとソ連がぶつかった場合、ソ連はザカルパチア地方を経由してハンガリーに行く。それしか道がないから。となったら、ザカルパチアを持っていると、チェコスロバキアが戦場になる。だからソ連との戦争を避けるためにザカルパチア地方を渡しておく。そうすればソ連はバッファーを必要とするから、スロバキアも併合しない。すなわちチェコスロバキア国家の本体部分は維持できると、こういう地政学的な発想から、ザカルパチアをソ連に割譲するんです。その結果、一九五六年のハンガリー動乱のときには、ソ連軍はザカルパチアを経由して戦車を入れた。だからベネシュの読みは正しかったことになる。

だからここに山があって、こういう地形になっていて、歴史的にこういう経緯があるというのを一枚の地図から読み取れる力があるかどうか。これが重要になってくるわけです。

たとえば今、南シナ海の中国の人工島が深刻な問題になっています。これに関しては、まず国際法的な整理をしておかないといけない。国連海洋法条約という海の国際法があります。私は一九八四年に外務省の試験を受けました。一九八〇年代に外交官試験を受けた人たちは、海洋法をよく知っているんですよ。国連海洋法条約がちょうどまとまるころだったので、国際法の問題が二題出るうちの一題は必ず海洋法だったから、私らは必死になって海洋法を勉強しました。それより前の世代の人やそれより後の人は、海洋法をあまり勉強していないから、スッと出てこない。

よく「領海」とか「排他的経済水域」と言うでしょう。領海はどうやって決めるのか。一年のうち一番高潮になったとき海面に出ている地面の線を基線といって、そこから一二海里を領海という、と決まっています。

さて、ここで質問です。日本の領海内、銚子沖を北朝鮮の軍艦が航行している。これ、国際法違反だと思う人、手を挙げて。国際法に合っていると思う人、手を挙げて。

これは国際法的に合法です。国際法に領海内の「無害通航権」というものがある。無害というのは何かというと、漁業をしたり調査をしたりゴミを捨てたりしないこと。通航というのは止まらないということ。無害通航権の唯一の例外は潜水艦です。潜水艦は浮上して、自分が所属する国の旗とその沿岸国の旗を掲げないといけない。

ちなみに無害通航の場合、通常は、日本の領域内に入ったら自国の国旗と日本の国旗を同時に掲げないといけない。これは国際慣行です。自国の国旗も何も掲げない船だと、それは海賊船ということになるから拿捕される。

じゃあ、次の質問。日本の領海の上、これは領空ですよね。その領空をイギリス軍の戦闘機が航行した場合、これは国際法上合法でしょうか、それとも違法でしょうか。

これは違法です。じゃあ、イギリスの民間航空機の場合は合法だと思う人？　違法だと思う人？

これも違法なんです。これは航空協定を結んで、このルートでここを飛ぶという取り決めがない限り、空に関しては国家の排他的主権が及びます。空の国際法というのは海の国際法と比べるとものすごく厳しい。領空侵犯とか、飛行機の接触というのは各国がものすごく敏感になる。それだから領空よりはるかに遠いところに、これより近づくなよということを決める、防空識別圏というものを主要国は設定しているわけです。

さて、この基線から一二海里内を領海といい、そこからさらに一二海里離れた二四海里までを接続水域といいます。そこに不審な船がいたら、「おい、ちょっと止まれ」とか、「船内を見せろ」などと言える。その外の公海に関しては、そういうことは言えない。海洋の自由、航行の自由の原則がある。

何が島で何が岩か、暗礁か

島にも基線があります。島も陸地と同様、基線から一二海里内の領海、二四海里内の接続水域、二〇〇海里の排他的経済水域圏が持てる。

排他的経済水域というのは、その水域内では漁業や地下資源の採掘などそこにあるものに関して、沿岸国が排他的に、要するに最優先で使うことができるという権利です。

ところが、島もすごく小さい島になると岩と区別が難しくなる。もちろん何が島で何が岩か、ちゃんと定義があります。岩というのは人が住めないようなところで、人が住めるかどうかが一つの基準になっています。岩は基線にしたがって領海と接続水域を持つことはできるけれど、二〇〇海里の排他的経済水域圏は持てない。それから一日のうちたとえ五分でも水の中に沈んでしまうようなものは岩ですらない。暗礁です。これは一切何も持てない。仮にそこを埋め立てて、島もどきのものをつくったとしても、一切基線を引くことはできないので、領海もなければ排他的経済水域もない。これが現行国際法のゲームのルールです。

中国も国連海洋法条約に加盟しています。ところが中国は「そんなものは大国が勝手につくったルールだろう」といって、そのルールを守らない。中国は昔は弱かったけれど、今は自分たちで島をつくれるだけの力があるんだから、それが領海や排他的経済水域を持ってもかまわないじゃないか。新しい国際秩序をつくればいいんだという形で、一方的に国際秩序にチャレンジしているわけです。

これに対しては、海洋の自由という形でアメリカが一二海里内を通るのは、既存のゲームのルールを維持するという意味においては、国際法的にはまったく問題がない。ただ、今、中東でこれだけ緊張していてアフガニスタンとロシアの関係も非常に大変なときに、さらに中国との緊張を激化させるというのは政策として得策かどうか。

じゃあ、わが日本はどうでしょう。なんだか腰が引けてると思わないですか？　せっかくこの前、安保法制を決めたわけじゃないですか。まさにこの状況で安倍さんは、「集団的自衛権の行使だ、わがイージス艦も送る」なんて頑張りそうでしょう。しかし実際は全然頑張っていない。アメリカの行動を支持すると言うけれども、それは口先だけで、できるだけ触りたくないという雰囲気ですよね。これは誰も言ってないけれど、私はそれを解くカギは、日本の沖ノ鳥島にあると思う。

日本は中国の人工島を非難できない

ｉＰａｄを持っている人やスマートフォンを持っている人、「沖ノ鳥島」を画像検索してみてください。

はいこれが日本最南端の島、沖ノ鳥島です。昔はもう少し大きかったけれど、波に浸食されてどんどん小さくなっている。それを食い止めるため、日本のチタン技術を駆使して島の周囲をチタンで固め、さらにコンクリートで囲んでいるけれど、地球温暖化で海面が上昇しているでしょう。公称では高潮時に一六センチ頭が出ていることになっているんだけれど、この前、この問題に一生懸命取り組んでいる人に会って話を聞いたら、実は今、一三センチなんだそうです。だんだん沈んでいっていて、あと一三センチで水没する。それだから今、必死になってチタンとコンクリートで周辺を固めて、網を張ってこの水面一三センチの島を守っているわけです。でも別に騒がなければ注目を集めなかったのに、石原慎太郎さんが東京都知事時代にあそこに行って日の丸を振ったでしょう。そのとき同行記者団たちが撮った写真が出たので、われわれもその実態を知るようになった。日本はこれを「島」と言い張っているんですよ。なぜならこの「島」があるからこそ、われわれは二〇〇海里の排他的経済

沖ノ鳥島（写真：毎日新聞社提供）

水域を持っていられるからです。

アメリカというのはある意味フェアプレーの国だから、あんまり今回の中国の南沙諸島のことをがたがた言ってると、「おっと、日本の沖ノ鳥島。これ、岩だな」なんて言われるかもしれない。そうしたらわれわれの持っている二〇〇海里がなくなってしまうかもしれない。それは日本にとって大打撃です。

じゃあ、日本は島じゃなくて岩だと認めているものがあるのか。あります。孀《そう》婦岩《ふがん》という岩が、伊豆諸島の鳥島の先にある。これは、標高九九メートル、東西八四メートル、南北五六メートルです。孀婦岩を岩と認めていて、それより小さい沖ノ鳥島を島だと言い張るのはなかなか厳しくないですか？

孀婦岩（出典：海上保安庁ホームページ　http://www1.kaiho.mlit.go.jp/jhd.html）

国際社会ではこういうことがよくあるわけです。だから日本政府は積極的な嘘はついていないけれど、都合の悪いことは言わない。

たぶん沖ノ鳥島とか孀婦岩って、初めて聞いたという人もこの中にいると思います。でも、こういうことは地政学について理解するときにはすごく重要なデータになる。われわれは沖ノ鳥島は島なんだという物語を断固堅持している。そうすると日本も中国と五十歩百歩で、あんまり人のことを言えない。もっともそのことをよくわかっているから安倍さんの腰が引けているのか、あるいは臆病だから腰が引けているのか、それはわかりませんが。

さあ、もう少し先に行きましょう。次

の人、さっきの続きから読んでください。

ドイツの高等諸学校と大学における地政学の真剣な授業の態度は、はじめからドイツ文化の発展と切っても切りはなせない関係にあった。ことにイエナの敗戦から約三〇年間におけるアレクサンダー・フォン・フンボルト、ベルクハウス、カール・リッター、そしてシュティーラーという四人の学者の名前は、けっして忘れることができない。彼らこそは、ドイツの地理学の基礎をきずいた組織者であり、しかも四人ともベルリン大学と、それらゴータの「ペルテス」という有名な地図会社に所属していた。（二七頁）

フンボルトというのはドイツの言語学者で、ベルリン大学の創設者ですね。じゃあ、次の人。「最近、英国でも」というところから読んでください。

最近、英国でも二、三の例外的に優秀な地図会社が、良い出版をしてくれていることは事実である。にもかかわらず、今日でもなお諸君が本当に良い地図――つまり正確な測量にもとづいているばかりでなく、同時にグラフィックの手法を使って、地形の基本的な対照を再現した地図――を求めようとすれば、やはりドイツのどこかの会社製のものに頼らざるをえないばあいが多い。その理由はいうまでもなく、ドイツの地図製造業者には、単なる測量技術者や製図工にとどまらない、すぐれた学歴をもつ地理学者が多いからである。それにまた彼らが生活できるのは、要するに高度に知的な地図の類を評価し、かつそれに金をはらうように教育された、たくさんの国民大衆がいるからだ。

（二七 - 二八頁）

地政学はどうして発達するのか？　地理の教育をして、地図の読み方を子どものころから教えている。地図が居酒屋の話題にでも平気でなる。家庭の中で地図の話をすることができる。だから高価な地図を出してもそれを買う大衆がいて、地図ビジネスが成り立ちうる。このサイクルが回っているからですよと、こう言っているわけです。これは学問など知的な作業のすべての領域について言えることですね。

地政学の組織論的側面

まだちょっと時間があるから少し前のページに戻ります。一四ページ。地政学というのは応用学なんです。地理、政治学、心理学、宗教学、天文学、地質学、すべてのものを盛り込んだ学問です。あるいは文学もそう。最終的には、地政学という物語をどうやってつくるかということになるから。こういう超応用学だから、いろんなところに話は飛ぶけれど、これからわれわれが見ていくのは政治学の分野、すなわち組織論です。どうやって国家や団体を組織していくかという考え方です。

要するに近代の特徴というのは、どういうふうにして人をマネージしていくかが大きな問題になるということです。機械をつくるだけじゃなくて、工学的な発想で人間をどうマネージしていくかという点で、オーガナイザー、組織者というものが飛躍的に重要になるとマッキンダーは考える。では一四ページ、このブロックを読んでください。「われわれは社会の機構を管理する」というところから。

われわれは社会の機構を管理する人びとのことを総称して、組織者《オーガナイザー》とよぶ。しかしながら、この一般的な用語のもとには、おおむね二種類の人びとがふくまれる。まず手はじめに、いわゆる管理職とか行政担当者とかいわれる人達がいる。が、彼らはけっして言葉の真の意味における組織者――つまり一定の組織体のなかで、ある新しい発展の核をつくりだす人――ではない。つまり現に動いている社会機構をよく手入れの行きとどいた状態で保存し、またときどき必要に応じて油をくれてやるのが、彼ら管理職の役目である。人が死んだり、あるいはまた病気や老齢のために引退したときには、あらかじめ適切な訓練を受けさせた人物によって先の空席をみたすのも、また彼らの務めだ。現場監督は、本質的に管理職の一種である。判事は法律の執行にあたって、よしんば理論上そういえないまでも、事実上法を創造するばあいがある。ただし純然たる行政管理職の仕事のなかみには、およそ進歩の考えかたのひとかけらもない。ある一定の組織体のなかにあって、事務の能率――作業の完全にスムーズな進行――を維持するのが、彼の理想である。その典型的な病状が、いわゆるお役所仕事とよばれる。それで複雑多様化した社会が比較的によく管理されたばあい、それは事実上〝中国的停滞〟（a Chinese stagnation）とよばれる状態に似てくることが多い。これが、とりもなおさず社会的な惰性の威力である。（一四頁）

組織者には二種類ある。一つは組織を維持運営する人。もう一つは社会のメカニズムをつくり出す人で、これがいわゆる革命家とか天才と呼ばれるような人たちです。時代の停滞が長く続いて自己革新ができないような社会になったときは、突出した人が社会を変えなければいけなくなってくる。だからオーガナイザー、組織者といっても、二種類の組織者にはそれぞれ別の資質が必要とされる。

要するに今の日本の問題は結論的に言うと、一番目の組織の維持能力がある人はたくさんいるわけです。その中で個性のある人材を育てるとか、ＡＯ入試をやるというようなことをやったって、組織を維持していくという枠から外れるような人物は出てこない。それがシステムというものだから。では、そうじゃない組織者はどういう人なのかということをマッキンダーは強調しています。次の人、ちょっと長いけど一四ページの後ろから二行目から一五ページまで一気に読んじゃってください。

それから次に組織者とよばれるもののもうひとつのタイプ——つまり社会のメカニズムを創造する人物——を検討する前に、まず順序として、これまでのさまざまな革命に共通した一定のコースについて、しばらく時間を借りて考えてみることにしたい。

まず最初にヴォルテールのような啓蒙家的な人物が登場する。彼のばあいはフランス国の政府という名でよばれた経営組織体の現状を批判するところからはじまる。そして次にルソーのような思想家が、より幸福な社会のありかたをえがきだす。それから大百科辞典《アンシクロペディー》の著者達が、そのような社会のための物的な条件が存在することを立証する。やがて新しい考えかたが、一部の善意な情熱家達の心をとらえるようになる。おしなべて彼らには、一般的な人間の生活上のしきたりを変えるというようなむずかしい仕事の経験が乏しい。が、そのうちにともかく、彼らはフランス社会の構造を変革するきっかけを手に入れることになる。結果として起こるのが、不本意ながらも、その進行の停滞である。やがて労働は中止され、現実に生産設備や政府機構の破壊が行なわれ、経験を積んだ管理者が馘《くび》になり、その後釜にはろくに仕事を知らない素人《しろうと》がすわる。そして、あげくのはてに生活必需品の生産はガタ落ちになり、最終的には物価が上昇して、社会的な信頼感の失墜や信用の崩壊が始まる、というのがおきまりのコースである。

当初、革命の指導者達は、その理想を達成するために、さしあたりの貧乏は覚悟の上だろう。しかしながら、彼らの周辺には何百万の飢えた大衆が群《むら》がっている。そこで時を稼ぐために、これらの大衆にたいしては、すでに権力を失ったこれまでの実力者達があれこれと妨害策を行なっているせいで、このような欠乏が起こっているのだ、という疑惑の感情が植えつけられる。ここで必然的に発生するのが恐怖《テラー》の支配である。とどのつまり一般の人間は宿命主義者となり、一切の理想を捨てて、ともかくも社会の能率を回復してくれる組織的な指導者の姿を追い求めるようになる。（一四 - 一五頁）

これは具体的にはフランス革命を想定していて、ジロンド、ジャコバン、ナポレオンのプロセスを念頭において述べています。ただ、このジロンド、ジャコバン、ナポレオンというのは、すべての改革運動に共通して出てくる人物像の典型です。まず、近代的な民主政治というのは代議制をとる。代議制というのは何かというと、政治をプロの政治家に任せるということですよね。じゃあ、われわれ有権者は政治家を選んだ後はどうするのか？　政治にどう関与するのでしょうか。基本的に政治をやらないんですね。その代わり経済活動や文化活動などで自分たちの欲望を追求する。外敵が攻めてきたときの対処とか、泥棒や強盗の取り締まりとか、秩序だけ維持してくれれば、政治は政治家に任せて国民は欲望を追求する。欲望を追求した結果、得た利益の一部を税金で納めるというのが近代の代議制システムです。それだからヘーゲルだって、マルクスだって、市民社会は「欲望の王国」だと言ったわけだよね。

革命のプロセス

フランス革命前は、みんなパンをよこせと言って怒った。ちなみにパンというのは、豊かにならないと出てこない食い物なんです。中世の民衆はパンを食わないからね。ただ大麦や小麦をつぶして、牛乳をかけて食べていた。中世の農民は一日平均で三四〇〇カロリーを摂っていた。動物性タンパク質は牛乳を除けば、一年に鶏一羽だけです。これは山川出版社から出ている堀越宏一著『中世ヨーロッパの農村世界』という本の中に書いてあります。

パンをつくるには、小麦を粉にする。それをこねる。イースト菌を入れる。焼く。ロスが多い。時間とエネルギーがかかる、豊かな社会じゃないとできないことです。だから「パンをよこせ」というデモが出てくるというのは、社会が豊かになっているということなんです。それでジロンド党は、基本的にはばらまき政策を行う。国王とか貴族とか司祭たちが持っている、その権力を再分配してばらまく。日本でも民主党時代、事業仕分けとか子ども手当とかあったでしょう。これもジロンド政策です。しかしジロンド政策は必ず財源の壁にぶち当たる。それからジロンド政策は、安全保障についてはほとんど考えない。それだから対仏同盟というものがつくられたら対応のしようがなくなってしまった。日本でも尖閣問題で中国漁船が入ってきたときのあのうろたえよう。ジロンドによく似ていますね。

そういうふうになると、次に出てくるのはジャコバンです。ジャコバンというのは、基本は小さな政府政策をとります。それから高度国防国家。国民には窮乏を強いることになる。そして恐怖政治になる。引き締めが強くなる。愛国心を強調する。だからだんだん社会が息が詰まるようになってくるわけです。それだからジャコバン的な政策をやりすぎると、国民がやる気を失って反発する。

そうすると、次に出てくるのがナポレオンです。国内的には締め付けや抑圧を緩める。その代わり外部から富を取ってきて自国民に撒くという帝国主義政策をとる。それによって国民の満足を得るという政策です。この革命のプロセスということについてマッキンダーは語っているわけです。

結論から言うと、マッキンダーは革命が大嫌いです。彼は保守党と自由党の間ぐらいで、労働党が大嫌い。そういう考え方に基づいて、まず社会の組織を見て、戦争の原因について考える。戦争が起きる原因としては、地理的な制約要因が非常に大きいんです。常に戦争を起こさないと生き残れないような地理的制約要因を持っている国家がいくつかあって、そのうちの非常に危険な国家がドイツである。こういう結論です。

国内で移民を受け入れなくても人口をまかなえるような産業をつくっていける国家、こういう国家がものすごく危ないとマッキンダーは考える。植民地政策をとらないでいいような国家というのはすごく危ないと、こう考えているわけです。この先、彼独自の思想がどんどん展開されていきます。

だからマッキンダーという人も一種の天才なんですね。ただ、このマッキンダーの本について、前回実物を手に取ってみてもらってわかったように、あまり厚い本ではないし、フットノートがあるわけじゃないし、日本でいうと一昔前のカッパブックスなどの軽い読み物のような感じでしょう。要するに真っ当な学術書ではない。そういう本だけれど、ものすごく強い影響を与えたし、学術的にナンセンスな内容ではない。イギリス人的な、事柄の本質を上手にとらえて、それを物語化していくということに長けているのがマッキンダーという人なんです。

じゃあ、とりあえず一〇分延びてしまったけどここまでにします。何か質問や要請などがあればどうぞ。

質疑応答

受講者Ｉ 今回の南沙諸島の問題について、韓国はアメリカに対して支持を明示しなかったと思うんですが、今日の緩衝地帯の話を伺って、中国にとっては韓国がアメリカとの緩衝地帯ではないかという感じがしたんですけれども。

佐藤　韓国が緩衝地帯？　遠すぎるでしょう。太平洋を挟んでいるわけですし。もし仮に韓国が中国の緩衝地帯になるとしたら、アメリカではなく日本との関係での緩衝地帯ですね。それが地理的制約条件ということですよ。アメリカは遠すぎる。だからその意味においては、この地球、世界島において、ユーラシアとアフリカはくっついているけれど、アメリカとオーストラリアはそこから離れている別世界なんです。それもマッキンダーの考え方の重要なところ。だからアメリカは別枠で考えないといけない。アメリカは一つの小さな島なんだ。だから地政学の適用範囲ということからすると、海ははずれます。マッキンダーの地政学は基本的にハートランドしか考えてない。だから海のことは付随的にしか出てこないんですね。

中国は、今まで内陸国家だったんだけど、海に出てこようとするから、海のゲームのルールがわからないわけ。わからないから、ゲームのルールに従わないで、自分でルールをつくっていこうとするわけです。それでテンションが生じているということです。だから緩衝地帯とは違う。海は緩衝地帯とは少し違う概念です。海を移動するのは大変ですから。

受講者2　ソ連が国境として、バッファーを持つという話がありましたが、そもそもソ連がそういう国家観を持つようになった歴史や経緯はどういうものですか。

佐藤　かつて平原からロシアに入ってきた騎馬民族に支配された「モンゴル＝タタールの軛《くびき》」が原因です。いくら国境線や万里の長城のような防壁を造ったところで、いつでも乗り越えられてしまう。だから侵略されても大丈夫な自由な領域、緩衝地帯（バッファー）というのをつくっておかないと不安だという心理を持つに至った。だからモンゴルとタタールの軛から出てきたロシア人の独特の地政学、安全保障観です。ここが理解できているかできていないかで、ロシアの脅威に対する見方はだいぶ変わってくるんです。国境が線じゃなくて面なんですよ。ただし、その前の質問の方とも重なるけれど、われわれはロシアとの間に海を挟んでいるから、この海は自動的にもうバッファー以上の機能を果たしている。それだからロシア人がバッファーを必要としているという感覚が皮膚感覚としてわかりにくいんですね。

受講者3　ドイツで地理を勉強することが行われるようになった経緯と背景を教えてください。

佐藤　それはやはり周囲に平地が多かったからでしょう。いつどこから攻めて来られるかわからない。隣にはフランスがある。イギリスもフランスの一部に植民地区を持っていたから、イギリスも陸地から攻めてくるかもしれない。それからドイツ自身が領邦国家でたくさんの国に分かれていて、けっこう戦争をしていたでしょう。オーストリアとの関係もある。それだから、常に地形を考えながら戦争準備をしないといけない環境にあったんです。だからその意味においては常に日本の戦国時代のように、全員が武士みたいな国だったんです。それが一九世紀の初めぐらいまでは続いていた。それがあるから地理にものすごく敏感だということなんですね。

ドイツ人が変った人たちだというのは、最近わかってきたでしょう。フォルクスワーゲンの排ガスの偽装も、これは旭化成建材のマンションの杭の偽装とはだいぶ性質が違います。旭化成建材は、推測だけど、「おい、うまくやれ、工期はこれまでだ。工夫しろ」みたいな、その程度の話だと思います。構造的な話は深刻だけれど。

でもフォルクスワーゲンは、「アメリカ人は絶対うちのプログラムなんか読み解けるはずがない」と思っている。だから普段はたくさん排ガスを出すけれど、検査のときだけ排ガスが低く出るという用意周到なプログラムを組んで、仕掛けるなんていう、こういう知能犯的なことは日本人にはなかなかできません。あれは、ドイツ人は昔から変わってないということです。

ドイツ人は異常に働くけれど、それでいて生活は質素。そういう人たちばかりだから、商品をつくっても国内での十分な消費ができない。だから販路を見つけて外に出て行かないといけない。こういう人たちだから、世界の混乱要因になる。だからドイツと組んだら絶対にひどい目にあう可能性が高い。やはり適宜消費をして、自分たちの生活をエンジョイするような人たちじゃないと煮詰ってしまいます。ルフトハンザみたいな灰色の飛行機に乗って、待合室だって単調な灰色の壁にパイプ椅子が並んでいるみたいな、ああいう機能美をドイツ人は素晴らしいと思っている。私なんか本当にうんざりするからテルアビブに行くときも、ルフトハンザだけは極力避けるようにしてます。本当に気持ちが滅入ってくる。ところがドイツ人はそういう殺風景なところにいるとホッとするんですね。

でも、オーストリアは全然雰囲気が違います。オーストリア人は食べ物にものすごくお金をかける。ちなみにドイツでもバイエルンは違います。バイエルンは飲み食いに金をかけるし、生活を楽しみますよね。だからドイツも南のほう、オーストリアのほう、北のほうで国民性が違う。でもそれはもっと考えると宗教の違いからきているんです。私もプロテスタントだけれど、プロテスタンティズムが強くなりすぎると、変な強迫観念にとらわれて行動が極端になることが多い。現世における生活はあまりエンジョイしないで、きまじめで禁欲的な生活を送る傾向が非常に強くなる。スコットランドもそうです。だからフォルクスワーゲン問題というのは、プロテスタンティズムの問題点という観点からも見ることができます。

では、だいぶ時間が延びましたが、よろしいでしょうか。

地政学を学ぶにあたって、現代のことにもう少し関心があるという人には、早川書房から出ているジョージ・フリードマンの『新・100年予測』という本、これはいい本だと思います。これは本当に地政学の考え方を上手に使っています。一言で言うと、ヨーロッパがどういうふうに構造転換をしているか、危機的な状況にあるかという、ヨーロッパ問題に関する本格的な分析本だけれども、これからはヨーロッパを見ないといけないからね。中東とヨーロッパに関して日本の報道や分析はひどく弱いんです。普通に新聞を読んでるだけでも、中国や韓国や北朝鮮、あるいはアメリカのことはよくわかる。裏返してみると、そこに出てこないところをどうやって補強するかということによって、国際情勢を把握する体力がつくんです。

でもそのときには、繰り返しますが、見方の基礎になるこういったマッキンダーのようなものを理解しておく必要があります。それから無味乾燥だけれど、地理Bの教科書。高校生が読めるということは標準的な日本語力がある人はみんな読むことができるし、そこに書いてあることは通説になっているということです。だから地理Bの教科書を脇に置きながら、残り三回の勉強をしていくと、地政学的なものの見方が飛躍的に身につきます。

ちなみに地理の勉強をしたいなら、高校レベルのワークブックを買ってもいいし、あるいは「スタディサプリ」の地理の部分をダウンロードしてもいい。ただ「スタディサプリ」の場合、地理は全部選択式問題になってしまう。それよりは山川出版社から出ているようなワークブックのほうがいいと思います。われわれ大人がやる場合、受験問題集じゃなくて、ワークブック形式のほうがいい。退屈だなあと思っても一日一五分か二〇分やっていれば一カ月で終わるから。それで、それを一冊自分の手元に持っておく。あるいは断裁してスキャナで読み込む「自炊」をして、ｉＰｈｏｎｅで見られるようにしておいてもいい。そういったことによって基本的なデータとか、ケッペンの気候分布とか、あるいは地図の記号とか、そういうものを知っておくというのは、やはり地政学的な勉強の基礎として重要なことです。

第三講

ヨーロッパと中東

パリでのテロは今後も続く

今日はもともと中東のことを扱う予定でしたが、二〇一五年一一月一三日にパリで「イスラム国」による大規模なテロが起きて、まさに中東がポイントになってきました。しかし、今日はあまりがっついた現状分析は控えておきます。なぜならば、この中東情勢がどうして起きているのかという構造を見ることがこの講座の目的であるし、なおかつそれを理解したほうが今報道されているニュースを深く理解できるからです。

まず、テレビや新聞の報道を見ていて、今一つ納得できないところがあると思いませんか？

こんなときは、見えないところを見ないといけない。今回の事件では、一三〇名以上の人が亡くなっています。でも特に大きなデモは起きていません。しかし二〇一五年一月七日のシャルリー・エブド襲撃事件のときは、一二名しか亡くなっていないにもかかわらず、あっという間に三七〇万人が参加した大規模なデモが起きました。今回はどうしてデモが起きていないのでしょうか？

それからオランド大統領は、前回は「復讐」だなんて激しい言葉は使わなかった。ところが今回は、「復讐だ、空爆をどんどんやれ」と戦闘的なことを言っています。これはどういう意味でしょう？

私の理解では、これはフランスの弱さです。そうやって鼓舞激励しないと国民が動かないと思っている指導者の弱さであり、焦りでもあります。

今回は不思議な戦いになっています。池上彰さんなどはこのあたりについて非常に本質を突いた見方をしていますが、日本の新聞を読んでいると、そこがよくわからない。

私たちはパリでテロが起きたというと、「イスラム国」が力をつけて攻勢をかけてきたという印象を持ちますが、実際は逆です。「イスラム国」は追い込まれています。なぜか？ ロシアが「イスラム国」に対する空爆を始めたからです。

フランスやアメリカの空爆は、テロリストだけを狙ったピンポイント攻撃です。たとえば『「イスラム国」の指導者のバグダディが、車列にいるところを殺された』というような報道が出るでしょう。すなわちフランスやアメリカの空爆は、衛星や無人飛行機で常に「イスラム国」の戦闘員の動きを見ていて、そこを中心に攻撃するというやり方をとる。それだから空爆は限定的です。

空爆というのは、たとえばアメリカが一九四五年三月一〇日に東京に対して行った、東京大空襲のときのような焼夷弾による無差別爆撃をするなら、ものすごく効果があります。皆殺しにできるぞというメッセージになる。ロシアが空爆に入ってきたということは、皆殺し空爆をやるということなんですよ。パーンツィリ－S1という水平撃ちできるような、一分間に七〇〇発出るような機関砲などの皆殺し兵器を使って、民間人だろうがテロリストだろうが区別をせず、「『イスラム国』の周辺にいたということは、おまえら、運が悪かったんだ」とまとめて全部殺す。ロシアはこういうやり方をしています。だからロシアの介入にはすごく効果があります。

「イスラム国」としては、何としても国際世論の中でロシアを孤立させるとともに、空爆をやめさせないといけない。そのために彼らはやはりレーニンから学んでいます。マルクス主義の通常のドクトリン（教義）では、革命はどこで起きることになっていますか？　資本主義がいちばん発展したところで起きるでしょう。しかし、実際は、そうではありませんでした。

当時、ロシアの資本主義の発展は遅れていた。そのロシアでどうして社会主義革命が起きたのか。それをレーニンはこう説明しました。「力をこめて鎖の両端を引っ張ると、どこから壊れるか。いちばん弱い環から破られる。その弱い環がロシアだから、ロシアから革命が起きたんだ」と言った。

「イスラム国」はそれと同じことをやっているのです。つまり、ヨーロッパの弱い環はフランスだと見たんですね。

ロシアの飛行機をエジプトに落とした理由

他にも「イスラム国」が弱い環として見ているところがあります。それがエジプトとレバノンです。

日本のニュースにはあまり出てこないけれど、二〇一五年一〇月三一日にコガリムアビア航空という、なんだか舌を噛みそうな名前のロシアの航空会社の飛行機が、エジプトを出発してロシアのサンクトペテルブルクへ向かう途中、シナイ半島に墜落したでしょう。これはのちに「イスラム国」のテロと認定されるのですが、当初、ロシアのプーチン大統領はテロの認定に非常に慎重でした。なぜでしょうか。

コガリムアビア航空なんて、聞いたことないでしょう。コガリムというのはロシアの村の名前です。チュメニ州の中に、ハンティ・マンシ自治管区という自治単位があり、ここにはハンティ族とマンシ族という、もともとシベリアのほうに住んでいた少数民族がいます。彼らは五〇〇年ぐらい前にウラルのほうにやってきて以来、そこに住み着いている。その人たちが住んでいる村の底からザクザクと石油が出てきた。これがコガリムという村です。石油がたくさん出るから、村に滑走路を引き、飛行機を購入して航空会社をつくった。コガリムアビア航空というのはそういう村営航空会社みたいな会社だから、プーチンとしても、これは整備不良かもしれないと疑ったんですね。

しかもこの墜落した九二六八便の機体を調べてみると、とても古い飛行機だった。二〇年ほど前にカイロ空港で尻もち事故を起こして、後ろ半分が折れてしまい、それをつけ直しています。だから墜落したのはテロの可能性もあるが、もしかしたら整備不良か、機体の不具合で爆発した可能性もあるということで慎重だったのです。これがもしアエロフロート機だったら、すぐに「テロだ」と言ったと思います。

では、コガリムアビアの飛行機が狙われた本当の狙いはどこだと思いますか？

実はロシアではありません。ロシアの空爆に対する抵抗の意味もありますが、本当の狙いはエジプトです。なぜなら、あんなことが起きる国に観光客が来ますか？　来ないでしょう。エジプトの今の新政権というのは、反「イスラム国」を標榜している、軍を中心とした政権です。そこに打撃を与えるためにいちばん効果的なのが、エジプトに観光客が来なくなることなんですよ。だからロシアよりもむしろ脆弱なのはエジプトで、エジプトが弱くなったところを狙って、シナイ半島の拠点からエジプトへ「イスラム国」を拡大していこうという考えなのです。

また日本ではほとんど報道されていませんが、一一月一三日にパリでテロが起きる前日の一二日に、レバノンのベイルートで爆弾テロが起きました。しかもシーア派の主流である12イマーム派の人たちがいる居住区です。ということは、これはイランに対するメッセージなんです。

「イスラム国」は今、イランから何をやられているか。イラクの正規軍が「イスラム国」の占拠していた地域をほとんど奪還したという報道が新聞に出たでしょう。どうして急にイラクの正規軍は強くなったのか？　イラクの正規軍はみんな12イマーム派ですからね。要するにイランのイスラム革命防衛隊の対テロ専門家や殺人の専門家、そういった人たちがイラクに行き、自分たちもイラク軍の制服を着てイラク軍の指導をして、それで「イスラム国」の皆殺しを手伝っているわけですよ。地上からの皆殺しをイランがやって、上空からの皆殺しと一部兵器を使った地上からの別途の皆殺しをロシアがやっている。

だから「イスラム国」はロシアとイランに対して、「おまえらの弱い環をどんどん狙ってやるぞ」というメッセージを送っていると同時に、自らの勢力をエジプトに拡大したいという狙いを持っている。

それからレバノンに対するイランの影響がシリア経由で伸びているから、これも断ち切ってやるぞと言っている。

要するに「イスラム国」にはロシア本国やイラン本国ではテロをやる力がない。それだからロシアやイランに引っかかるところの弱い環でテロをやったんです。

二〇二二年、フランスがイスラム化する？

フランス本国が弱っているのは文学的な問題にもなっています。ミシェル・ウエルベックというフランスの作家が書いた『服従』という小説が、今、世界的な大ベストセラーになっています。英訳よりもヘブライ語訳のほうが先に出ました。日本語訳は河出書房新社から出ています。

これは近未来を舞台にした小説で、こんなストーリーです。二〇二二年のフランスの大統領選挙の第一次選挙で、一位がファシストの国民戦線になる。二位がムスリム同胞団になる。社会党と保守勢力、もともとの共和国連合は三位、四位に甘んじてしまった。こうなるともう選挙のときには内戦や衝突も起きるような状況です。そんな状況の中で、フランスの保守派と社会主義者は究極の選択を迫られる。ファシスト政権がいいか、それともイスラム政権がいいかという選択です。

登場人物のひとりにムスリム同胞団のベン・アッベスという大統領候補が出てきますが、イランのロウハニ大統領をモデルにしているように私には思えます。ベン・アッベスは穏健派で、ファシストがフランスの大統領になることだけは阻止しようとして、社会党も穏健派もベン・アッベスを消極的に支持する。それでついにフランスがイスラム化するんですね。

でもイスラム政権も、イスラムの法律であるシャリーアをフランス人に強制したり、女性の労働を禁止したりは一切しません。ただし、「他の制度には何も手をつけない。その代わり教育に関しては全権を握らせてください」と言って、教育を改革していきます。女性が教育を受けることを禁止するわけではないけれども、女の子の義務教育は一二歳までにする。また女性は働いてもいいけれど、働いたら税金をたくさん取られるようにする。働かないで家にいたほうが、いろいろな扶養手当や子ども手当などがザクザクもらえてかえって収入が多くなる。そんな財源がどうしてあるかというと、サウジアラビアのオイルマネー、それが大量にフランスに投入されるから。そして一夫多妻制が導入されます。

大学教授は全員イスラム教徒でないといけないから、今の教授は全員解雇されるけれど、別に出版活動とか知的活動が制約されるわけでもない。しかも大学を勤め上げたときと同じ年金が支給される。フランスの年金はすごくいいですからね。

こんなふうに働かなくてもアラブ諸国からどんどんお金がもらえる社会になって、だんだんまったりとした雰囲気になってくる。そうしたら、フランス国民は次々とイスラム教徒に改宗していく。それでEUがイスラム化していき、地中海沿岸諸国と合わさって新しいイスラム帝国ができていくという話です。

この小説の主人公は一九世紀末のフランスのデカダンス文学を研究しているパリ大学の教授で、昔、結婚していたけれど離婚して、いまは女子学生とつきあっては毎年彼女を変えている。ユダヤ人の彼女とつきあっていたけれど、このイスラム政権ができて以来、ユダヤ人は生きにくいような社会になって、彼女はテルアビブに行ってしまった。しばらくしたら男ができたみたいで連絡がとれなくなり、自分は一人になる。まわりにいるのは出世したくてイスラムの価値観を受け入れて改宗していく先輩や先生ばかり。それで主人公はこんなふうに聞かれます。小説だと表現が複雑なので私なりにまとめてみると、こんな感じです。

「欧米では文明が繁栄して、物がたくさんあるけれども、それに追われているだけで本当に幸せなんですか。一夫一妻制というけれど、本当にそれを守っている人がフランスに何人いますか。それよりも男の生理からするならば、一人の女性では満足できないのが自然ではないですか。あるいは多様な形態の結婚をしたところで、その中で本当に安らぎが得られますか。それより夫人は四人までに限定して、それをきちんと守りましょう。女の人は家事労働が大変だから、若い夫人たちが先輩の夫人を助けるというのはどうでしょうか。何よりも重要なのは、人間が神様に服従するように、女が男に服従することです。そうすることによって、余計なフェミニズムとか女権とかで神経をすり減らさないですむ。そして家庭を基礎とした形での価値観が蘇ってくる。このほうが皆さん本当は幸せではないですか」

それで主人公は最終的にイスラム教に改宗し、もう一回大学に戻ることを決断します。

「じゃあ、自分の改宗式はどうなるんだろう」ということを夢のように想像しているところで終わるという小説です。

エマニュエル・トッドなどはこの小説について、「イスラムに対する恐怖感を煽る、とんでもない小説だ」と言っています。でも恐怖感を煽っていると同時に、真実も突いている。フランス人には確かに、イスラムにある種の憧れがあるんですよ。彼らはヨーロッパのギスギスした出世社会や物質文明にウンザリしている。それからヨーロッパ人の男性は、ジェンダーや女性の権利を重視しているようなことを言いながらも、彼らのなかには男権主義的なところも潜んでいる。こういうところをうまく突いているわけです。

これがベストセラーになるということは、この作品が世の中の空気を敏感に反映しているということです。今、フランスの社会には移民が増えてイスラムが広がっていることに対する諦めと、イスラム的な価値観に対する憧れが潜んでいる。テロリストたちはそこを明らかに読みとっていて、それでフランス社会は分裂する可能性があると踏んだ。

もちろんフランス人も世論調査をすれば、全員テロとの戦いに賛成するでしょう。そこで「もう屈してもいいじゃないか」と答える人はいませんし、新聞でもそういった論調は出てこない。でもテロリストたちはフランスに流れているそういう気分に気づいて、「この弱い環なら引き裂くことができるのではないか」とテロをやったわけです。だからまたやりますよ。しばらくはフランスでテロが続くでしょう。「次はニューヨークだ」とかハッタリをかましているけれど、やらないでしょう。そこは「選択と集中」で、彼らは徹底的にフランスでやる。あるいはフランスと緊密な関係にあるベルギーでやる。フランスが疲れて、最後はもういいといって戦線離脱するのを待っている。

「イスラム国」は「原因」ではなく「結果」

それでは、今回のこの問題をどういうふうに見るか。日本のマスメディアがいちばん間違えている、あるいはアメリカ人も間違えているのは何かというと、「イスラム国」が原因だと思っていることです。「イスラム国」が原因ではないんです。あれは結果です。

たとえば皮膚にできものができた。普通の軟膏をつけても効かないから、ステロイドを塗ったらとりあえず引いた。このステロイドにあたるのが空爆です。ところがまたしばらくたったら、またできものができちゃう。それで前よりも強いステロイドを塗るが、それでもなかなか治らない。一体これはなんだろうと詳しく調べたら、実は肝臓にダメージがきていた、というようなことがあるでしょう。「イスラム国」はこのアナロジーで理解できると思います。

「イスラム国」が生まれたそもそもの原因は何かというと、一九一六年のサイクス・ピコ協定です。サイクス・ピコ協定というのは、連合国側にいたロシア、イギリス、フランスが、当時のオスマン帝国がたぶん敗れるだろうと予測し、オスマン帝国が解体したあとの領土の分け方をこっそり決めておいたことをいいます。アラビア半島の今のシリアとかレバノンのあたりはフランス領に、イラクはイギリス領に、トルコのイスタンブールとアナトリア、

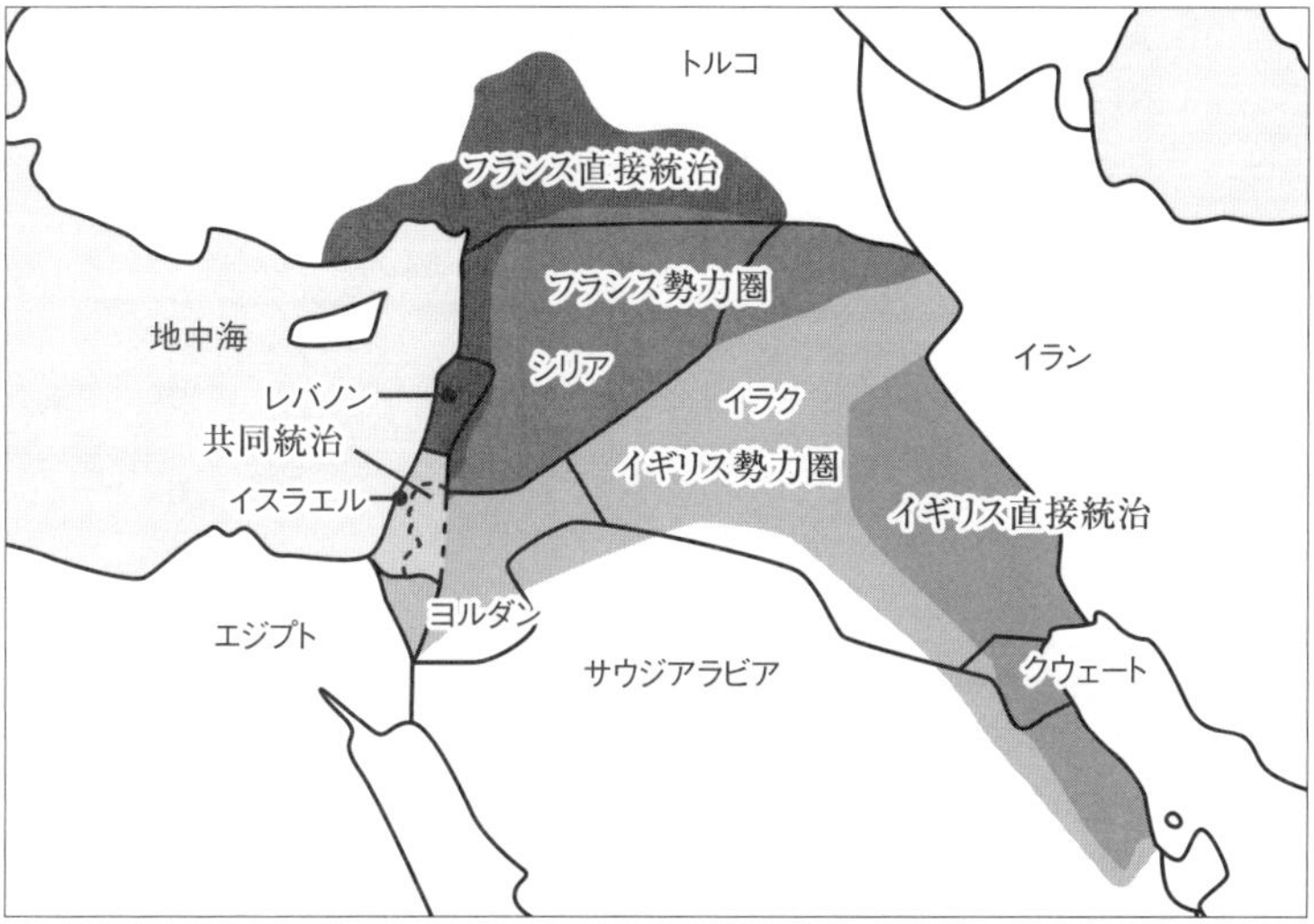

サイクス・ピコ協定による領土分割案

ダーダネルス・ボスポラス海峡のあたりはロシア領にしようと秘密裏に分割を決めておいたんですね。

ところが一九一七年にロシア革命が成功します。レーニンは「今まで帝政ロシアが結んだ条約は一切継承しない、同時に秘密条約を全部暴露する」といって、この秘密のサイクス・ピコ協定の存在を明らかにしました。アラブ人たちからすれば「何をするんだ、とんでもない」ということだけれど、実際に第一次世界大戦が終わった後は、ロシアの取り分を除いて、サイクス・ピコ協定で決めたとおりになったんです。

中東の地域は、民族が複雑に絡み合っています。いろんな山や谷があり、宗教分布もいろいろです。サイクス・ピコ協定はそれらを一切無視して、定規と鉛筆で引いた線で分けている。これは地政学的条件にも宗教状況にも合致していないわけです。だから無理があるのだけれど、強引に植民地支配をしたんです。その後、植民地から独立して国家ができてくるけれど、そこは王政であろうが、共和制であろうが、力によって抑える極めて独裁的なものでした。その結果、賞味期限が切れて大変な混乱が生じた。その一突きになったのが、アラブの春です。アラブの春で既存のシステムは破壊されたけれど、その後、アラブ人たちは自己統治能力を発揮できていません。これは決してアラブ人たちを蔑視しているわけではありませんよ。私の見るところ、ほかに理由があるのです。

他の人の分析だと、サイクス・ピコ協定の崩壊が原因で、その結果、中東は混乱しているということになり、アラブ人が自己統治能力を発揮できないというところで終わってしまう。それでは掘り下げが足りません。どうしてアラブ人に自己統治能力がないのかということに対して合理的な説明が必要です。これについては誰も言っていない。今から言うのは私の作業仮説です。

人間が人間社会を治めるのは不遜

「人権」という言葉がありますが、その対称語として「神権」という考え方があります。中世のヨーロッパでは、神権という、神様が全権を持っているとする考え方が社会を覆っていました。しかし近代以降になって、神様なんていないんだ、あるいは、神様はいてもわからないから、人間が問題を解決するんだという構造になった。神権の思想が人権の思想に転換したわけです。無神論者のフォイエルバッハは、「宗教が人間をつくったのではなく、人間が宗教をつくった。神が人間をつくったのではなく、人間が神をつくったのだ」と言ったけれど、それは正しい。人間の主権という発想は、神様が持っているものを人間が持っているという形で概念を切り替えたものです。この人権の思想の中には、人間は全能だから、人間が人間を自己統治することもできるという考え方も含まれています。

この人権の概念に切り替えた結果、ヨーロッパは経済的に成功して世界を制覇したため、神権の裏返しである人権という思想が普遍的になりました。世界がヨーロッパの影響下に置かれていくこの近代化のプロセスの中では、どの国でも濃淡の差こそあれ人権の思想を受け入れざるを得ません。

だからよく日本の保守派の人たちが、「天賦人権説というのは日本の国柄に合致しない」と言うけれど、これはある意味では当たっています。しかし近代化のプロセスの中では、それを受け入れるしかない。今、この教室の中で和服を着ている人は一人もいないでしょう。みんな洋服を着ています。どうして？　和服を着ていたら、電車に乗るとき裾や袖が扉に挟まれる。工場で働いていたら機械に巻き込まれる。和服は近代的な労働システムにそぐわない。だから洋服を着るしかないんです。

それと同じように、近代的なシステムの中においては、人権をベースとしてマシンを動かさないといけないから、多かれ少なかれ人権システムが入っていきます。トルコやイランには人権システムが入っているから、あの二つの国においては公正な選挙が行われています。部分的にはすり替え投票とかいろいろあったとしても、でっち上げ選挙はやらない。選挙の結果によって政権交代をするし、選挙の結果によっては今の権力者だって追われることは十分ある。これまでもそういうプロセスを経てきました。

ところが、アラブにおいては人権の思想が入らなかった。その結果、今でも神権です。神権では、神様が決めたことだけが重要なのであって、人間の自己統治なんていうのはまったく間違った考えです。だから人間はシャリーアというイスラム法によって統治されなければいけない。自己統治という発想は出てこない。

アラブにも国家はあります。しかし国家といってもわれわれがイメージするものとは違います。権力者がいて、その周辺に一〇人ぐらいのアドバイザーがいて、特定の地域を力で支配しているようなものです。だから税金も取り立てますが、率はたいして高くない。しかし反対に国からの給付もまったくありません。あるいはサウジアラビアのように、天然資源を権力者の判断で恣意的に売って、国民にはそのごく一部だけをばらまき、議会もつくらず自分たちの部族だけで分けるというシステムになる。でも神様がそういうふうに命じているからそれでいい。「神権」においては、自己統治という発想自体がないんです。

トルコのダブルスタンダード

しかし、今、世界の主流のゲームのルールは自己統治による国家です。国家あるいは国民国家的なもので動くという世界のルールからすると、そうでない国は空白地帯に見える。本当は別のルールで動いているのですけれど。

では空白地帯に入ろうとしていく勢力とは何か。具体的にはイランとトルコが、この自己統治ができなかったアラブを草刈り場にして、自分たちの影響力を拡大している。これが今の姿ですね。

そうすると、ロシアが皆殺し戦術を採るでしょう。イランも皆殺し戦術を採ります。その状況の中でフランスが今回それに加わってきたわけですね。

ロシアのプーチン大統領は、一一月二三日にイランの首都テヘランに行って、そこでハメネイ最高指導者に会った。ハメネイは宗教の最高指導者であるとともに、核開発、ミサイル開発も担当しています。プーチンがこの人と会って話すことは決まっています。シリアをどう料理するかということですね。シリアのアサド政権のテコ入れをしようということにした。フランスも味方になった。それによってフランス、ロシア、シリアの三角同盟ができかけていました。

　しかしフランス人やロシア人がアサド政権を支援したからといって、シリアに住むでしょうか。シリアに出てくるかといえば、出てこないでしょう。実際に出てくるのはイラン人ですよ。そうするとシリアの領域はイランの影響下に入る。レバノンも含めたあのあたりは全部、イランの保護国になる。そうしたらシーア派の大国ができるでしょう。スンナ派のトルコにとっては一大事です。クルド人たちはスンナ派ですが、トルコを弱体化するという観点から、イランは、「クルドの皆さん、独立してください」と煽るでしょう。

　トルコからすれば、クルドは独立するわ、草刈り場でしかも石油があるアラビア半島には出て行けないわで、この三角同盟ができたらものすごく困るんです。だから以前からトルコはダブルスタンダードをとっています。

　つまり「イスラム国」が大きくなりすぎて、トルコにまで影響を与えるようになり、テロをするようになるのは困る。ところが「イスラム国」が完全に除去されて、アサド政権が生き残るとともに、イランの影響が拡大してしまうのはもっと困る。それだから、弱い「イスラム国」が続いていることがトルコの利益に合致するんですね。

　それだから、トルコに「イスラム国」から石油が密輸されているわけです。ロシアは皆殺し作戦の過程で何をやっているか。あのへんを走っているタンクローリーを、一台ずつ全部潰しています。プーチンがテヘランに行った翌日の一一月二四日にロシアの軍用機が落とされるという事件がありました。トルコ側は、「ロシアが領空侵犯をしてきた」と主張し、ロシア側は「シリア領で対テロ工作に従事していたロシア機が撃ち落とされた」と主張しています。

こんなふうに事実関係に関する主張が対立するのは珍しい。事実関係については確定できているとして、その上でお互い理屈で争うのが普通の国際紛争であって、事実関係自体で争うことはめったにありません。ということは、どちらかの国が嘘をついているということです。でもわれわれは日本にいるとトルコが正しいと思ってしまう。トルコはNATOの加盟国であり、アメリカの同盟国でしょう。日本はNATOのメンバーではないけれども、アメリカの同盟国です。同盟国とは何かというと、正しいか正しくないかにかかわらず、事実ではないかにかかわらず、同盟国の立場を支持するという関係です。そうなると、同盟国は正しくあらねばならないということになる。そのバイアスがかかるから、西側ではトルコが正しいということになるわけです。

ロシアとトルコの緊張がトランス・コーカサスに波及

しかし私のようにロシア語を読める人がロシア語空間の情報を読むと、「ゲッ」と思うような情報が山ほどあるわけですね。だって常識的に考えて、どうしてトルコの上空で撃ち落とされたのに、シリアの領域にパラシュートが落ちるのか？　そんな常識から乖離したことは起きませんからね。

トルコが事件の二日ぐらいあとに、そのときの音声があると発表したけれども、ロシアは「インターネット空間にはどんな音声でもあるからな」と言っている。トルコはそれに対して反論していません。

それから一一月三〇日、パリで、プーチンが「俺たちはトルコがやったという証拠を持ってるぞ。トルコは『イスラム国』から石油を密輸しているという証拠を消すために、今回ロシア機を攻撃したんだ」と言った。これはCOP21（国連気候変動枠組条約第二一回締約国会議）のあとの記者会見での発言で、各国の記者がいるところでプーチンはこれを言ったんですね。日本の新聞を読むと、トルコのエルドアン大統領も同じくパリで会見し、「われわれは石油がどこから来たか、一つ一つ全部根拠を持っている。もし『イスラム国』から来ているということを証明できなかったとしても、プーチン、あんたは大統領にとどまるのか」と激しく反論したということになっています。

しかし、これはどこで言ったのか？　トルコ人の記者たちとの懇談の場で言っている。そこに外国の記者はいない。ということは身内の中で言っているわけですね。しかもその後つづけてこう言っている。「ロシアの経済制裁については忍耐だ」と。喧嘩する人間が「忍耐だ」なんて言わないでしょう。ということはトルコのほうは、もう相当腰が引けているわけですね。明らかにトルコはロシアの反応を読み間違えたし、私もここまで大ごとになるとは思っていませんでした。この飛行機が落とされるまで、トルコとロシアの関係は近年になく良好だったからです。

なぜ良好だったかというと、トルコはNATOの同盟国であるにもかかわらず、ウクライナ問題をめぐるロシアへの制裁に加わっていないからです。ロシアは制裁を受けてヨーロッパから野菜や果物をはじめ食料品の輸入ができなくなったり、人的交流を規制されたりしています。だからそのうちかなりの分をトルコに振り替えたんですよ。ロシアは今までヨーロッパから輸入していた食料品のほとんどを、いまトルコから輸入しています。それ以外の一部はイスラエルから輸入していますけどね。イスラエルも制裁をかけていませんから。

それからロシアはブルガリアとのあいだに石油や天然ガスのパイプラインを通す予定だったけれど、ブルガリアも対ロ制裁に入ってきた。それだからブルガリアを切ったんです。その代わり、トルコにパイプラインを通すことにした。パイプラインを通せば、エネルギーでも同盟関係になる。これだけ経済的な関係が非常に深い仲なので、仮にこういった突発的な事故が起きても、両国がこんな戦争直前のような状況になるとは誰も思っていなかった。ところがプーチン大統領のイニシアティブでそこまで持っていったんですよ。だからこれはそう簡単には収まりません。

あともう一つ気をつけないといけないのは、これがアゼルバイジャン、アルメニア、グルジアというトランス・コーカサスに飛び火する危険性です。アゼルバイジャンの後ろにはトルコがついていて、アルメニアの後ろにはロシアがついている。だからロシアとトルコのあいだで何か衝突が起きると、アゼルバイジャンとアルメニアの関係が代理戦争の様相を呈してくる。

国際政治的にも経済的にもこれだけの不安定要因があるわけです。合理的に考えてみると、飛行機が一機落ちたぐらいでは、それほど大ごとにはしないはずです。双方とも領空侵犯はときどきやっているだろうし、音速で飛んでいる飛行機が一キロぐらい領空に侵入したところで、時間にして○・何秒の話ですよ。だからそのへんのところに関しては、折り合いがつくはずなんですね。じゃあ折り合いがつかなくなるのはどうしてかというところで、地政学が重要になってきます。なぜ、ここの地域でこんなことになるのか。

ロシアは過去五〇〇年間、トルコとの間で一二回大きな戦争をしています。それからこのアラビア半島が、地政学的にどういう位置を持つかということを考えると、この混乱がどうして起きているかがわかる。そこでわれわれはマッキンダーに立ち返らないといけない。では、マッキンダーを読みましょう。

北のハートランドと南のハートランド

マッキンダーの本を持っている人は、まず九五ページの地図を見ておいてください。マッキンダーのテーゼというのは、ヨーロッパの沿岸地帯である東ヨーロッパを支配する者はハートランドを支配し、ハートランドを支配するものは世界を支配するというものです。こういう作業仮説で、彼の地政学は組まれているわけですね。しかしその地政学とは北のハートランドしか相手にしていなくて、本当はあともう一つ、南のハートランド、アフリカがあるわけです。そうすると、アラビア半島の位置づけというのは、南のハートランドと北のハートランドのちょうど通過地点にある。北と南の双方のハートランドを押さえる場合の鍵になってくるのがアラビア半島なんだと、こういう見方になってきます。

マッキンダーの地政学が優れているのは、まだアラビア半島で大量の石油が発見される前に、アラビア半島を押さえるということが世界情勢の安定の鍵になるのだと考察しているところです。石油がからめばなおさらですね。では、その意味において、彼がアラビア半島について書いているところを読んでいきましょう。

意外とこのマッキンダーの本って、地政学をやっている人でもきちんと読んでいる人がいないんです。だいたいみんな、最初の二〇〜三〇ページを読んで放棄してしまう。最後まで読み切らない、あるいは読んだ人でもあまり印象に残っていない。じゃあ、一〇二ページか

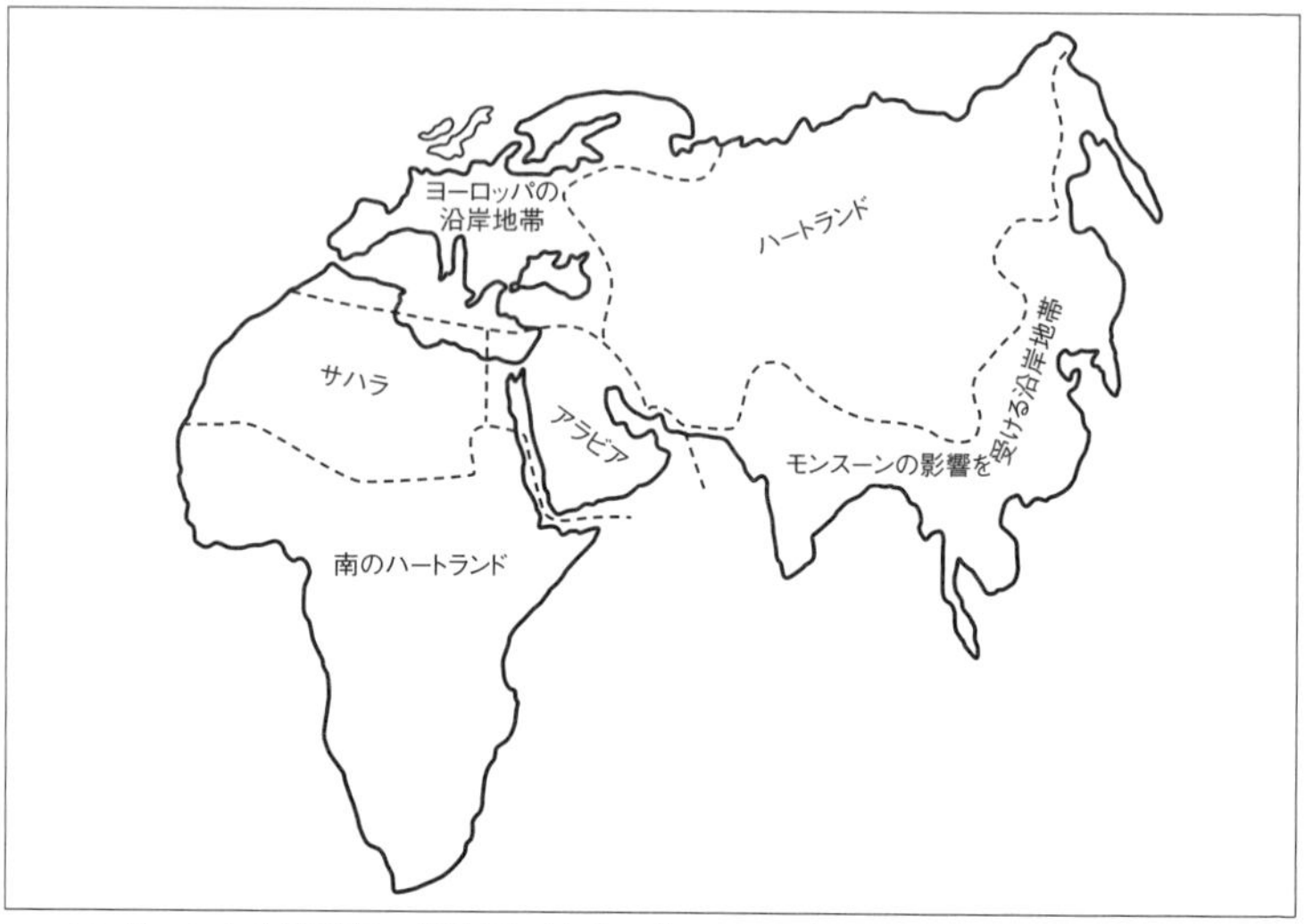

マッキンダーによる世界島の概念図（出典：『マッキンダーの地政学』原書房、95 頁）

らゆっくり読んでいきましょう。

ここでまた、ふたたび歴史の知識の力を借りることにしよう。なぜならば、じっさいに人間の行動をうながす思想のうごきは統計的には測りかねるからだ。われわれは、過去の経験なり、または民族の歴史から自然に発想したもののはずみで、はじめて動くことができる。東方のオアシスが詩のなかで地上の楽園としてうたわれたのも、単にそれが砂漠を越えてはじめて行かれるという理由によるものだった。（一〇二頁）

ここでマッキンダーは「歴史的なところに立ち返ろう」といっています。これはどういうことかというと、ものごとは論理で解明できることがありますね。でも論理だけでは説明がどうしてもつかないときに、歴史が出てくるんです。歴史というのは、論理を超えたところにある外部なんですよ。これはヘーゲルやマルクスの考え方では、非常にクリアになってくることです。歴史は同じ形で繰り返さないから、歴史を使うと、そこにおいては例を示すということにはならなくて、必ずそれは類比的なものになるということですね。

たとえば池田徳眞という日本のインテリジェンスの専門家で、戦時中に謀略放送をやっていた人がいます。この人は徳川慶喜の孫なんですが、彼は戦時中のプロパガンダ放送のマニュアルを書いていて、その中でわれわれが伝えたいことを伝えるときは、どういうふうにやるべきかについてこう言っています。相手に魚を食わせようと決めたときに、刺身で食わせるか、煮魚で食わせるか、焼き魚で食わせるか。最終的に食わせるものは魚だけれども、料理の仕方を変えないといけない。刺身だけ食べさせていたら飽きる。だから煮魚にしたり焼き魚にしたりする必要があるという言い方をしています。

情報の話と魚は関係ないでしょう。だからこの言い方はアナロジカルです。アナロジカルというのは、直接の例ではないけれど、なんらかの連関があるものに喩えるやり方です。常にそういうふうにものを見ていくのが、アナロジカルなものの見方なのです。

そこでどのようにして地理的な構成、歴史的な構成からアナロジカルな見方をしていくかが要諦になります。しかしアナロジカルな見方というのは、議論に飛躍が入る。それだから、大学では教えません。飛躍が入ると実証ができないからです。そうすると「これは学問ではない」ということになる。でも飛躍させないとある種のことは理解できない。だからこういったコミュニティカレッジのようなところで、大学の学知には合わないようなことを教えないといけません。こういう市民講座のようなところでは、占星術であるとか、タロットカードとか、水晶占いとか、要するに通常の学知には収まらないけれども、明らかに体系知であるようなものを扱っています。それには意味があるんです。決していかがわしいものではない。理性というものが捉えられる領域は非常に限定的であるにもかかわらず、われわれはそれを不当拡張しているわけですね。理性や理屈や過去の先例に照らせばなんでもわかると思っているから、「イスラム国」が出てくるとわからなくなってしまう。あるいは「イスラム国」は異常なできものだから、メスで切り取りさえすれば治ると考える。要するに原因と結果の因果関係がどうなっているかを見ないで、原因さえ取り除けばいいと思ってしまうわけですね。

ウア・ゲシヒテ（原歴史）

では次の人、読んでください。

現在、記録に残る歴史は、だいたいアラビアの北方の大オアシス地帯のあたりからはじまっている。われわれが明らかに知ることのできる最古の国際政治は、ユーフラテス下流とナイル下流の沖積平野に栄えた二つの国家のあいだの交流をめぐって展開された。治水のための堤防の維持や、農業用水の配分を目的とする運河の開削などは、必然的に社会秩序や規律の成立をうながさずにはおかなかった。が、以上二つの文明のあいだには、かなりの性格の相違があって、それがかえって両者の交流の原因になったように考えられる。

（一〇二 - 一〇三頁）

記録によって遡れる歴史は、だいたいアラビア北方の大オアシスとその地帯から始まっていると、こういう形で説明していますが、この歴史は実証できません。たとえば日本では現実に実証できる歴史はどれぐらい前までだと思いますか。たぶん文献学的に実証できるのは室町時代までですよ。それより前になると、世界像がだいぶ違う。当時の文献を見ても、現代でいうような歴史観はなかなかつかめない。そうすると実証はできないけれど、確実にあった事柄を想定することになる。これをドイツの歴史家たちは「ウア・ゲシヒテ(Urgeschichte)」、原歴史と呼んでいます。ウアというのは「もともとの」とか「起源」とかいう意味です。

たとえばアダムとエバの物語なんていうのは原歴史ですね。神様が「おまえは園の中心である木の実を食べたのか」とアダムに聞いたら、アダムは何と答えたか。「あなたがつくったこの女が、その実を取って食えと言ったから食いました」と言った。神様が聞いているのは、食ったか食わないかということだけだから、「はい」か「いいえ」で答えればいいのに、「女が食えと言ったから」とエバのせいにしている。人間はもともと私一人だったけれど、あなたが女という人間をつくったから、それが私を騙したんだと言って責任を転嫁しているわけですね。じゃあエバは何と言ったかというと、「蛇がそそのかしたからだ」と言った。

このウア・ゲシヒテの物語は何を語っているかというと、人間は嘘をつく動物だということです。人間には嘘をつく性向がある。それは原罪を背負っているからですね。われわれ一人ひとりの中にもやっぱり嘘をつく性向はあります。こういうことは実証はできないけれども、確かにあるでしょう。

この問題を現代で真剣に扱っているのが柄谷行人さんです。柄谷行人さんが文春新書から『遊動論　柳田国男と山人』という本を出しているでしょう。そのなかで彼は山人という一種の原日本人を規定して、日本人の霊魂観、異界観、祖霊観を論じています。

村で死んだ人の霊は裏山に行ってしまう。裏山に行ってわれわれとコミュニケーションをとっている。でも五〇年ぐらいたつと個性がなくなってしまって、祖霊全般となって遠くに行ってしまう。こういう日本人の霊魂観と山人との関係を論じています。

柳田国男は『遠野物語』などで、そういうことを言っていたんです。しかしそれは実証はできません。しかし確実にあったものです。実証はできないけれど、確実にある事柄という、ウア・ゲシヒテを想定するわけですね。そうするとここで歴史と神話がくっついて、神話学の課題になってくる。

その意味においては、地政学も神話学と密接に結びついています。マッキンダーが言うところの歴史というのは、実は実証のできない歴史だから、これはウア・ゲシヒテ、原歴史に近いんですね。

アラビア半島の地理的重要性

では次の人、先を読みましょう。一〇三ページ。

たとえばエジプトの国家は、比較的に狭いナイルの谷間に成立したため、その両岸に多い岩石が建築の材料に利用された。また、パピルスという葦に似た植物が記録の目的に使われた。けれどもバビロニアの大きな平原では、煉瓦の建築が行なわれ、また粘土の板の上に楔形文字が刻み込まれた。両国のあいだの道路は、まずユーフラテス川から西にむかって、アラビア砂漠の一角にあるシリアの地方を越え、パルミラの泉を経てダマスカスに出た。ダマスカスは、アンティレバノンとヘルモンの山々から出るアバナとファルパルの二つの流れによって形成されたオアシスの上に建てられた町だった。ダマスカスから先は道が二つに分かれていた。その低いほうは海岸をつたい、また高いほうはヨルダン川の渓谷の東側にある不毛の高原地帯のふちに沿っていた。そして、これらの二つの道のあいだでユダヤの岩山の上に忽然とひとりそびえていたのが、ほかならぬエルサレムの山塞である。

ヘリフォード（南西イングランドの都市名）の教区聖堂《カシードラル》の壁には、かつて十字軍の時代に僧侶の手でかかれた一枚の地図が今もなお懸かっている。が、それを見ると、エルサレムがあたかも世界全体の臍《へそ》であるかのように、その幾何学的な中心におかれていることに気がつく。そして、さらに、エルサレムの聖墓（the Holy Sepulchre）を安置した教会に行けば、床の上に記された正確な中心の位置を知ることができる。が、もし現在の完備した地理学的な研究が、われわれを正しい結論にみちびくものとすれば、中世の教会人の考え方は、そう誤っていなかったことになる。（一〇三－一〇五頁）

ここで言っていることをよく理解するには、九五ページの地図をちょっと横にしてみる（本書一五六ページに掲載）といいわけですね。エルサレムがあって、ヨーロッパが左の上にあって。そうすれば、アフリカが左の下にあって、アジアが右側にある。ちなみにこの当時の世界では、日本はアジアに含まれてないですからね。地の果てです。地球は平らなんだから、日本あたりはもう何が住んでいるかわからない、魔境みたいなところです。アフリカだって、モロッコのちょっと先に地の果てがあると考えたら、海の果てということになる。その先に行くと、どんどん暑くなって海が沸騰していると考えられていた。だから船であまり南の方へ行くと、沸騰した海によって煮られて戻って来られなくなるといって、みんな怖がって戻ってきていました。

彼らはイスラム世界の向こうにプレスター・ジョンという皇帝がいると信じていたんです。要するにイスラム教徒の世界の向こう側には、ネストリウス派のキリスト教徒の国があると信じていた。これはマルコ・ポーロも信じていたことです。

そのキリスト教徒というのは、ヨーロッパから追い出したネストリウス派のキリスト教で、プレスター・ジョンという皇帝が帝国を持っていて、その大きな帝国はネストリウス派だけれども一応キリスト教徒の帝国だから、どこからともなくプレスター・ジョンが現れ、軍隊を動かしてエルサレムに向かい十字軍を助けてくれると信じていたんですよ。そんな国なんか存在しないのに、そういう情報が流れていた。そうするとヨーロッパのほうでも十字軍の準備をする。挟み撃ちにできるとかいって、盛り上がるわけです。こういう妄想のような世界観を持っていたんですね。一回そういった世界像が確立してしまうと、なかなか崩せません。

先に行きましょう。

もしも世界島《ワールド・アイランド》が人類のいちばん主な居住地としての宿命を負いつづけ、またアラビアの半島がヨーロッパからアジアへの、さらに北から南のハートランドへの移動地帯として世界島の中心に位置するものと考えれば、エルサレムの丘陵こそは、まさに世界の現実に照らしてみて戦略上の拠点というべきであり、その点で中世の見方と本質的な大差はないと結論しないわけにはいかない。そして、それはまた古代バビロニアとエジプトとのあいだの戦略的な拠点でもあった。（一〇五頁）

このアラビア半島の付け根のところをグッとつかんで引っ張ったら、アフリカもアジアもヨーロッパも、全部くっついてくるのです。アジアとアフリカとヨーロッパが交差するのは、まさにこの現在のイスラエルやレバノンのあたりになるわけですね。だからこのあたりというのは、いろいろな文明の交流の地になるとともに、そこを押さえることによって世界全体を鳥瞰できるようになる要の土地です。だから争奪戦になるのは必然的だという見方をマッキンダーは示しています。

国民としてのアイデンティティよりも強いもの

じゃあ、先へ行きましょう。ここでいう「今回の戦争」というのは、第一次大戦のことですよ。

現に今回の戦争がしめしたように、ヨーロッパからスエズ運河を経てインド洋にいたる繁華な海上交通路は、パレスチナを占拠したランド・パワーから容易に攻撃にさらされやすい箇所を通過しなければならない。のみならず、現在では、さらにヤッファを通過する沿岸の鉄道幹線も着工された。これによって、南のハートランドは、完全に北のハートランドに結びつけられることになるだろう。その上さらにダマスカスを領有するものは、二つの海のあいだでユーフラテスの谷間をくだる代替のルートを側面から攻撃できる地位に立つだろう。このように古代文明発祥の地こそは、まさに現代最も致命的な交通ルートが交錯する場所になっている。このことは絶対に偶然とはいいきれない。

(一〇五 - 一〇六頁)

だからイランはシーア派イスラム組織であるヒズボラを応援して、レバノンを抑えようとするわけです。レバノンを抑えることによって、アフリカにもヨーロッパにも影響を行使することができるようになるから。イランは戦略的に非常に正しい選択をしています。はい、先へ行きましょう。

歴史のあけぼののころ、シェムの子ら――つまりセム族の人達――が、アラビアの砂漠の周辺の農耕地帯を征服したといわれている。砂の海をとりまく彼らの一連の植民地群とそれからエーゲ海周辺のギリシャ人の植民地群とのあいだには、少なからぬ類似点がある。ヨルダンのかなたから〝約束の地〟に侵入したベン＝イスラエル――イスラエルの子ら――とは、たぶん似たような系統をもつ遊牧民族の一例にすぎなかったのだろう。後にバビロニアとよばれた国で非セム系のアッカド人に取って代わったのが、セム族のカルデア人だった。が、ユダヤ人の始祖アブラハムは、そのカルデア人が砂漠のふちに建てたウルの町から、よく踏みならされた路を通って、パレスチナに移住してきた。エジプトのヒクソス王朝も、またあきらかにセム族の血統を引いている。まずは以上のような経過からして、アラビアに住むすべての民族――つまりアラビア人、バビロニア人、アッシリア人、シリア人、フェニキア人、それにヘブライ人等――は、ことごとく同じセム系の語族に属する方言をしゃべるようになったのである。現在アラビア語は、小アジアのトロスからアデン湾にいたるまで、またイランの山々からナイル川の西のサハラのオアシスにいたるまで、広く一般に使われる言葉としての地位を占めている。

（一〇六頁）

マッキンダーはアラビア語が広く話されていると言っていますが、実はアラビア語というのは書き言葉としては通用するけれど、話し言葉としては地域差が激しくて、場合によっては全然コミュニケーションがとれない場合があります。シリアの人がモロッコに行って話したって、何を言っているかわからない。イエメンの人がパレスチナに行ったって、何を言っているか全然わからない。それぐらい違っています。

だから、何をもってこれは言語とするか、あるいは方言とするかというのは非常に難しいことなんですね。ロシア語とベラルーシ語、チェコ語とスロバキア語は、明らかに別の言語だという扱いをされていますが、アラビアのそれぞれの方言と比べれば実は圧倒的に近い。

でも、いずれにしても、アラビア語の書き言葉がリンガ・フランカであるということが、アラブ人というアイデンティティを形成する上で非常に重要になっています。もちろんそれぞれの国家があるから、リビア国民であるとか、サウジアラビア国民であるというような国民としてのアイデンティティもまったくないわけではない。しかしそういったアイデンティティは、われわれが考えているより極めて希薄です。それよりも、もっと小さいアイデンティティ、つまりどの部族に所属しているかとか、誰と血がつながっているかなどのほうが大事なんです。あるいはもっと広いアイデンティティとして、同じアッラーの神を信じているムスリムだというアイデンティティのほうが強い。

つまり国家や民族などの中間的なアイデンティティをすっ飛ばしている。でも世界の歴史上では、こういう中間的なアイデンティティがなかった時代のほうが長いんです。ヨーロッパだって自分たちの村、一族というアイデンティティはあったけれども、国家などというアイデンティティができたのはフランス革命以降ですからね。もう少し遡っても、一六四八年のウェストファリア体制以降です。それまでは宗教的な帰属意識、あるいは自分たちの一族という意識、あるいは同じ出身地という意識しかありません。

ただ土地という意識に関しては、アラビア半島の遊牧する人たちは移動するから、オアシスの定住民とは違い、土地に対する帰属意識は薄くなります。ヨーロッパの人たちは定住しているから、土地に対する帰属意識が強く出ます。こういういろんな違いがある。先に行きましょう。


アラビアの台地は、そのすべての方向で海岸にむかってかなり急に傾斜しているが、たった一箇所だけ例外がある。すなわち、その北東部だけはゆるやかに傾斜して、しだいに低くなり、ユーフラテスの流域とペルシャ湾につながっている。全長で約一八〇〇マイルにおよぶこの低地の部分は、ユーフラテス川がその水源であるアルメニアの高原から奔流する峡谷のあたりからはじまり、そしてペルシャ湾の出入口を扼するホルムズ海峡で終わる。が、そのことごとくが、ハートランドのペルシャ湾側のふちに高くつらなるイランの山々から見おろされる地位にある。かつて紀元前五世紀のころ、キルス二世の率いるペルシャの高地族がユーフラテスの平野に来襲し、バビロンを征服した後、ダマスカスを通過するシリアの道路を経てエジプトの征服に向かったことは、歴史に名高い。（一〇六‐一〇七頁）

ここではイランが高台にあるということを言っています。第二回の講義で述べたように、ドイツ人やロシア人というのは地図を見たらその土地の高さがすぐわかるんです。子どものころからそういう教育を受けているから。われわれは地図を二次元でしかとらえられないから、高さがわからない。

イランは高台にある。それだから高いところからアラビア湾を見下ろす形になるんですね。外部から誰かが侵入して攻撃してきても、上から簡単に防衛できる。そういう地理的な優位性をイランは持っているわけです。これは非常に重要なことです。じゃあ、先に行きましょう。

アルメニアの悲願

　ユーフラテス川がアルメニアの高地地帯から流れ出る峡谷のあたりから河口までは、直線距離にして約八〇〇マイルほどであるが、ここから地中海の東北端のアレッポの近辺までは、わずかに一〇〇マイル余りしかない。そして、同峡谷のすぐ西には平均標高〇・五マイルのアルメニアの高地があり、これがしだいに低くなって、やがて小アジアの半島の台地につながっている。古代史上第二の大事件は、アレクサンダー大王の率いるマケドニアの大軍がダーダネルス海峡を渡り、小アジアの中央を突破した後、トロス山脈を下ってキリキア（小アジア南東部の古代国家で、首都はタルソス。）に出、さらにシリアを経てエジプトに侵入したことである。それからまた彼は引き返して、ふたたびシリアを通ってユーフラテス川のほとりに出た後、川を下ってバビロンを襲った。以上にみるように、アレクサンダー王のマケドニア軍が陸路を通ってアラビアに進出したことはたしかである。が、その攻勢を本当にささえたものは、ほかならぬシー・パワーだった。そのことは、やがてアレクサンドリアやアンチオキアのように、ギリシャ語を話す港湾都市が栄えたことによって知られる。これらの海岸都市は、要するに船乗り達が内陸にはいってゆくための拠点だったわけだ。

（一〇七頁）

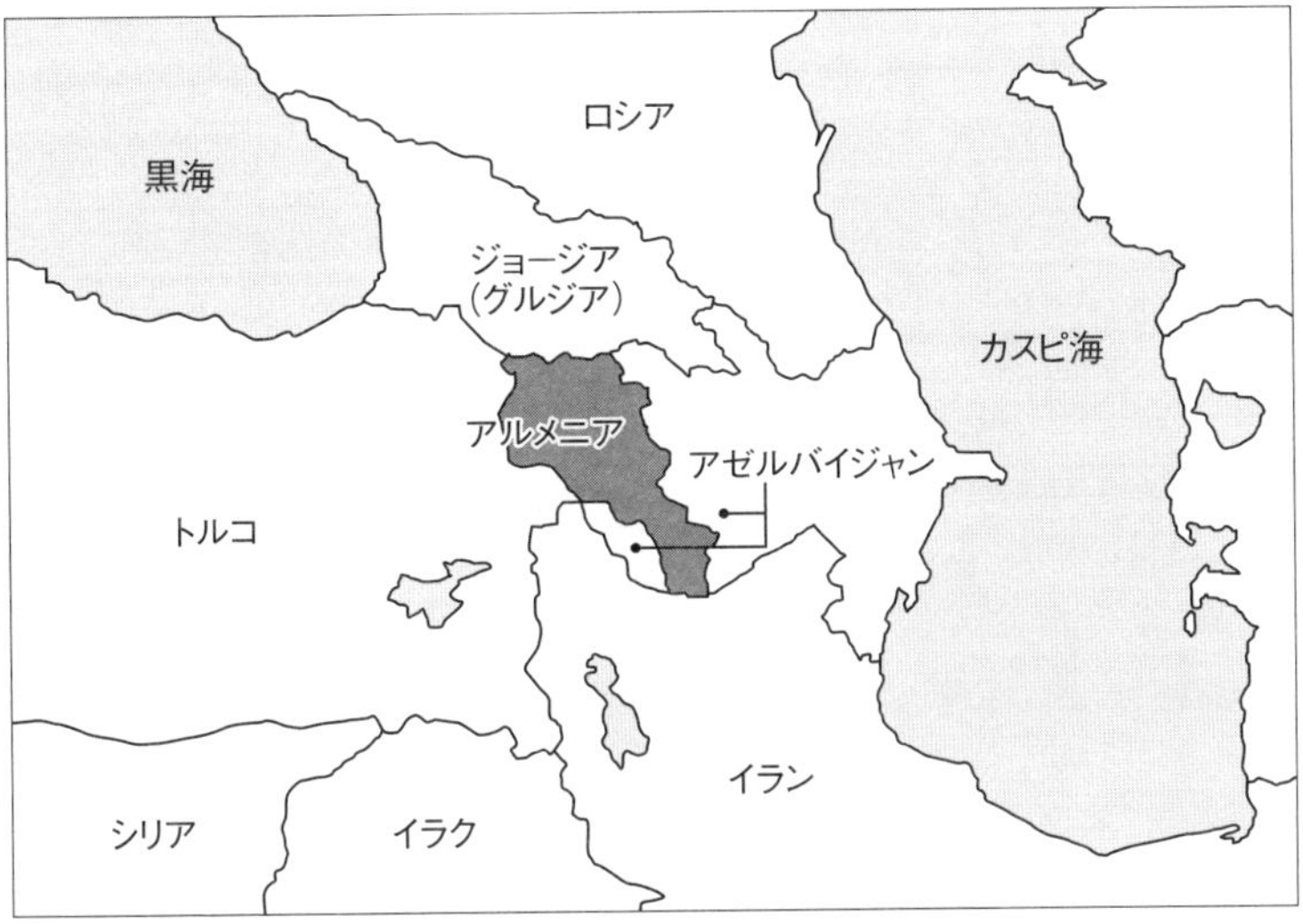

アルメニア周辺地図

ここで、けっこう難しい国であるアルメニアが出てきます。アルメニアの場所はわかりますか？　アゼルバイジャンとグルジアとトルコに囲まれているところですね。二〇世紀の初めに、トルコによるアルメニア人の大虐殺というのがありました。これは南京事件と一緒で、トルコは大虐殺などなかったと主張して、未だに歴史的な論争になっています。

アルメニアは紀元前一世紀からある国で、そのアイデンティティは一度も崩れていません。三〇一年にキリスト教を導入したけれど、これは異端派とされたいわゆる単性論のキリスト教です。主流派のキリスト教は、キリストのなかには神性と人性が完全に共存するという両性論。一方、単性論はそのうち神性のウエイトをほんの少しだけ重視します。だから他のキリスト教会からは、あいつらは異端だと見なされて長いこと疎外されていました。それゆえに、アルメニア人は独自のネットワークを持っています。

この人たちはどの分野で活躍していると思いますか？　たとえばユダヤ人は金融や学術の分野でめざましく活躍しているでしょう。アルメニア人も学者や芸術家が多い。指揮者のカラヤンなんかもそうですね。ヤンで終わる名前はだいたいアルメニア人です。

実は、アルメニア人に多いのが武器商人なんです。東側西側含めてアルメニア人が武器を売っている。だから武器商人の巨大な国際的ネットワークがある。だからアルメニアでは産業がほとんど発展していないけれど、ソ連時代から在外のアルメニア人がアルメニア本国に送金することによって生活しているんです。

それでアルメニアには、「ダシナクツチュン」という政党があります。これは一九世紀の終わりにできた民族派の政党ですが、その綱領は、「海から海へ」というものです。つまりカスピ海から黒海につながる大アルメニア国家の回復です。アルメニアの歴史的な土地はトルコによって奪われたので、トルコに復讐することが民族悲願だとダシナクツチュンは考えている。

アルメニア人はトルコ人を嫌っています。たとえばソビエト時代のアルメニア共和国の国旗には、アララト山という山の姿が描かれています。アララト山というのは伝承によれば、ノアの箱舟が着いたところですね。ところがアララト山は今のトルコ領にあるんですよ。だからトルコはアルメニアに「どうしてわが国の領土がお前の国の国旗に描いてあるのだ」とクレームをつけたことがある。ソ連時代の国旗にはアララト山が描いてありますからね。そうしたらアルメニア人はこう答えた。

「どうしてトルコの領土ではない月が、おまえの国の国旗に描いてあるのだ？」

でも、このダシナクツチュン党というのは、メンシェヴィキ、つまり社会主義だけれども共産主義ではない。それでボルシェヴィキ（ソ連共産党）と戦ったグループなんですね。結社禁止にされて殺されたり、収容所に送られたりしました。ソ連の支配を潔しとしなかったこの人たちが逃げてどこに向かったかというと、シリアです。シリアにはアルメニア人のコミュニティがあります。そこにはグルーンク（鶴）という名前のテロリスト養成センターがあって、トルコ人の暗殺を長い間やっていました。今もあります。だからトルコ人はアルメニアのことをものすごく恐れています。こういう国ですよ。

日本ではあまり知られていないけれど、紛争があるとその裏に武器商人のアルメニア人がいて、独自のネットワークを活用している事例が少なからずあります。

じゃあ、先に行きましょう。

これらの歴史的な事実を地理学者の目で考察すると、ほぼ以下のことに気がつく。つまり肥沃な農耕地帯がユーフラテス川の上流北西の方向にむかって延び、それから雨量の多いシリアの山地にそって南に曲がり、最後に西のエジプトで終わっているということである。この一連の農耕ベルトには、農民が定着した関係上、人口も当然に多い。途中三箇所ほど中断される場所はあるが、古代の幹線道路は、この穀倉地帯をつらぬいて、バビロンからメンフィス（古代エジプトの首都）まで延びていた。
この豊かな土地の上に住む人達は、しばしばその近隣に住み、かつ機動性を誇るあれこれの遊牧民族から襲撃を受け、時にはまた征服される宿命を甘受しなければならなかった。ここに古代史上のもろもろの大事件を解く鍵がある。（二〇七‐二〇八頁）

考えてみましょう。ここで言っているのは、今のシリアとイラクのことです。イラクとシリアというのは地政学的な状況からして、常に周辺から攻め入られて、自分たちの持っているものを略奪される、そういう宿命にあったんだということです。マッキンダーはここで石油が採れるとわかるずっと前に、こんなことを言ってるわけです。歴史に鑑みて、過去の歴史はそうなっているんだと。そのとおりなんですよ。では先に行きましょう。

まず奥深いアラビア半島を背景にもつ南の側からは、ラクダに乗った遊牧民族が北東のメソポタミアに突出し、北西のシリアに侵入し、さらに西のエジプトにもひろがった。

また膨大なハートランドが背後にひかえる北東の側からは、騎馬民族がイランの高原を下って、同じくメソポタミアに殺到した。そしてさらに北西の側からシリアのエジプトをめざして来たのが、航海の技術をもった諸民族だった。彼らのなかには、小アジアの半島を経由して来た者もあれば、直接レバント（地中海東部沿岸諸国にたいする古い通称）にやってきた者もある。が、その後ろ側は、あらゆるヨーロッパの水路につながっていた。（一〇八頁）

今、レバントという言葉が出てきたでしょう。一時期、「イスラム国」のことをＩＳＩＬと言っていましたが、これは「Islamic State in Iraq and the Levant」の略で、「イラクとレバントのイスラム国」という意味です。「イラクとシリアのイスラム国」と言う人はＩＳＩＳ（Islamic State of Iraq and Syria）と言うわけですね。

このレバントというのは、拡大シリア、すなわちシリアとレバノン、あとパレスチナを合わせた地域のことです。そこをかつてレバントと言ったから、「イスラム国」はそれを使っているわけです。現在になってレバントという言葉が蘇ってきたのはなぜかというと、「イスラム国」が現在のシリアやレバノンなどの国境線を認めていないという意味をこめている。だからレバントという言葉を使うわけですね。象徴的な意味合いがある。

でも、マッキンダーの指摘は当たっていると思いませんか？　今、このメソポタミア地域は海洋民族の話を除いて、二つの脅威にさらされているわけです。一つは西側の砂漠から来るアラブ人。サウジアラビアですね。もう一つは、東側からやってくるペルシャ人。これはイランですね。そういうイランとアラブの草刈り場になっているようなオアシス地帯で、肥沃な三日月地帯で穀物ができるから、みんなに狙われる場所なんだとマッキンダーは言っている。しかもそれに石油が出るようになってしまったから、ますます狙われるわけです。先へ行きましょう。

アメリカとイランが急速接近

ローマは、アジアでは、マケドニアが征服した地域のうち、ただ西の部分だけを受け継いだ。その軍団によって守られるラインとダニューブの流れが、地中海から出発したローマの北の浸透の限界であったとすれば、同じく地中海から東にむかうローマの勢力の限界は、ちょうどユーフラテスの上流の部分が南東に折れる以前に、まず北から南にむかって流れているところまでだった。ここには、また別の軍団がおかれていた。大きな意味でいえば、ローマ帝国は、いわば一地方的な帝国だったにすぎない。それは全面的にヨーロッパの沿岸地帯に属していた。かつてマケドニアの支配下にあったそれから先の地方は、ペルシャ人の後継者であるパルティア人の手に落ちた。が、彼らもまた、やはりイランの高原からメソポタミアになだれこんできた一族だった。

（一〇八 - 一〇九頁）

マケドニアに、アレクサンドロス大王の帝国があるわけでしょう。われわれはローマを強大な帝国だと思っているけれど、それは西半分に過ぎないんです。東半分はざっくりいうと、ペルシャです。その後継者のパルティア人も全部ペルシャ。そうするとイラン人の自己意識においては、ローマ帝国と対等なんですよ。そのローマ帝国は三九五年に東西に分かれます。現在のヨーロッパもアメリカも、西ローマ帝国の末裔です。ロシアは東ローマ帝国の末裔です。その東ローマ帝国、西ローマ帝国を合わせたローマ帝国、すなわち現在のヨーロッパ、ロシア、南北アメリカ、それと匹敵するぐらいのもう一つの巨大な帝国がイランやペルシャなんだという意識なんですね。そもそもアレクサンドロス大王のマケドニアがあって、あれはペルシャの半島なんだと、こういう意識なんです。ヨーロッパ人によって征服される前の世界は、イスラムが入ってくる前のゾロアスター教時代のペルシャがほとんど支配していた。こういう歴史意識がイランにはある。

そしてイランでは、左派、民主派、リベラル派などを含めてすべてが核保有に賛成しています。イランは核兵器を持って、弾道ミサイルを持った大国にならなければいけないというコンセンサスがある。それはなぜかというと、自分たちは大帝国であって、アメリカと対等なんだという意識があるからです。アメリカのオバマ政権はわけのわからない政権だから、イラン人がそんなふうに考える風潮が加速するんですね。

率直に言いましょう。今、アメリカはパートナーを替えようとしています。サウジアラビアはわけがわからないし自己統治能力がない。王族のなかでアルカイダを支持しているやつもいる。それに最近はロシアから原発まで買おうとしています。こんな相手は信頼できない。それよりは古代に帝国を持っていて、約束をきちんと守るし、核兵器を持っていたところでそれは抑止目的であり、おそらく使わないであろうイランのほうが、パートナーとして信頼できる。二〇一五年七月一四日の核協議でも明らかになったとおり、こういう認識に傾きつつあります。

どうして私がそう判断するか。それをやったらいちばん怒るのはどこでしょう？　サウジアラビアですね。二番目はイスラエルですよ。イランのアフマディネジャード前大統領は、「イスラエルを地上から抹消する」と言っていた。これもまた、イランのもう一つのコンセンサスです。イスラエルはアメリカにとって中東における最重要同盟国でしょう。アメリカがイランと接近することは、イスラエルをすごく刺激するんですよ。そうしたらアメリカは何をしないといけないでしょうか？　イスラエルが喜ぶことをしないといけない。それが二〇一五年一一月二〇日に起きたことですね。日本ではほとんど新聞に出なくて、あっても小さなベタ記事でしたが、ヨーロッパの新聞やアメリカの新聞では大きく扱われた事件があります。

ジョナサン・ポラードというイスラエル人が、アメリカでスパイ容疑によって逮捕され終身刑で服役していました。逮捕されたのは一九八五年、彼が三一歳のときです。スタンフォード大学を出たあとアメリカ海軍の情報将校になり、情報部に勤務していた。当時はイスラエル国籍は持っていなかったけれど、イスラエルに情報を流していたんですね。どういう情報を流していたかというと、未だはっきりしていないというぐらい深刻な情報だけれども、衛星の情報だとみられています。イスラエルはアメリカの同盟国だから、衛星で上空から撮影しないことになっていたのに、実際はアメリカは撮影していた。それでイスラエルやその周辺に関してどの程度の情報を集めているのか、たぶんそれを調べていたのでしょう。それでFBIの捜査の手が伸びてきたことに気づいて、イスラエル大使館へ逃げ込んだけれど、イスラエル大使館は受け入れを拒否して逮捕された。司法取引をして、奥さんは懲役五年、病気で三年半で出て、その後は離婚してイスラエルへ渡り、ジョナサン・ポラードは終身刑。これはワシントン州の法律にたまたま死刑がなかったからで、州によっては死刑になる可能性がありました。

ちなみにこれは、イスラエルの有名な情報機関のモサドが行ったスパイ工作ではなく、レケム（科学情報局）という別の諜報機関が行った仕事です。イスラエルは最初スパイだということを否認していたけれど、一三年ぐらいたったところで彼にイスラエル国籍を付与し、特にネタニヤフ首相になってからは、首脳会談で「ジョナサン・ポラードをすぐに釈放して特別機に乗せて帰せ」などと要求した。アメリカは怒り心頭に発して、「いかに同盟国であってもこういうスパイ活動は認められない。こいつだけは絶対に釈放しない。終身刑だ」と言っていたけれど、それを一一月二〇日に釈放した。

つまりアメリカは、これだけは呑めないと言っていたイスラエルの要求を呑んだ。そうまでしてもイランとの関係を進めたいということです。だから私は今、アメリカはサウジアラビアからイランにパートナーを変更しつつあると見ている。これがイランを強気にしているもう一つの理由です。先に行きましょう。

イデオロギー対立がなくなり、地政学が前景化

その後にまたもう一度、ラクダに乗った遊牧民族の時代がきた。ネジドの中央オアシスと、その西側の延長であるヘジャズ地方——メッカとメジナをふくむ——とに拠るアラビア人達は、マホメットの教義に動かされてサラセン（引用者注——イスラム教徒）の大軍を送り、メソポタミアからパルティア人を追いはらい、またシリアとエジプトからローマ人を追いだした。そして彼らもまた、かつての肥沃な地帯をつらねた交通路の上に、カイロ、ダマスカスおよびバグダッドという一連の内陸都市を建設した。この豊か

な根拠地からサラセンの兵力は四方八方に打って出て、あたかも本気で世界帝国をつくろうとするかのような気勢をしめした。まず北東の方面でイスラムの軍勢は、バグダッドから先にパルティア人やペルシャ人が攻め下ってきた道を逆に攻め上がってイランにはいり、次いでインドの北部までその勢力をひろげた。さらに南方では、彼らはアラビア半島の先端のイエメンからサハラの南のアフリカ海岸に押し渡って、そのラクダと馬の軍隊の力でスーダンの全域を席捲した。こうしてちょうどアラビア半島を中心に羽をひろげた大鷲《おおわし》のように、彼らのランド・パワーの帝国は、その一翼で北のハートランドを遠くアジアの奥地まで蔽い、また他の翼で同様南のハートランドを、はるばるアフリカの奥地まで蔽うにいたった。

（一〇九頁）

マッキンダーに対するいちばん大きい批判は、マッキンダーの世界観が二次元だということです。つまり飛行機の存在を考慮していない。飛行機ができて空を移動できるようになったんだから、ハートランドだとか言ったって、空から行けば、ハートランドなんて崩せるじゃないか。だからマッキンダーの地政学は意味がないんだという意見が一〇年ぐらい前まではすごく強かった。

ところがそれは間違いです。実際問題として、戦争をやったとき空爆による影響力の限界は低い。なおかつ山岳地帯に逃げてしまった場合は、空からの攻撃では撃滅できない。あるいは砂漠でも、通常の陸上でも、地下にトンネルを掘ってしまった場合も、空からは対応できないんです。ということになると、最終的には地上戦になる。だからマッキンダーはその意味で古くなっていない。東西冷戦の中においては、イデオロギー対立が第一義的にあったから、地政学の様相は後ろに引っ込んでいたわけです。イデオロギー対立がなくなって、人間たちの対立だけになると、地政学が表に出てくる。イデオロギー対立がなくなってしまったからです。中東の国家も崩れていくわけでしょう。イラクの後見人は？　シリアの後見人は？　いずれもソ連だったでしょう。南イエメンは？　リビアは？　ソ連でしょう。ソビエトが後ろについていたところが、ガタガタ崩れていったわけです。これは非常に興味深い現象ですよね。じゃあ、先へ行きましょう。

しかしながら、アラビア人達はその帝国を支配するにあたって、単にステップや砂漠に固有な機動力にうったえるだけではけっして満足しなかった。ということは、つまりその先輩にあたるフェニキア人やシェバ（かつて今のイエメン地方にあった古代王国で、香料や宝石の交易で名高い。）人などと同じように、彼らもまた海に出たわけである。

（一〇九 - 一一〇頁）

はい、そこまででいいです。とりあえず地政学の観点からすると、メソポタミアのあたりがすごく重要です。そこはアラビア半島とイランとの草刈り場になっているんです。さらにイランというのは高台にあるから、アラビア湾を見渡す地位にある。だから地政学的に優位にある。このあたりのことを確認すれば、われわれが現在の情勢を分析するには十分ですね。

さらにアラビアなどは、歴史的にはペルシャの領域でした。オスマン帝国は後発だったんです。オスマンからすると、あそこはオスマンの領域だったんだという認識でしょう。過去二つも大帝国があってその領域を持っています。どの軸の地理で見るかによって、原風景が異なってくるという状況です。

ロシアでは子どもに戦争をどう教えるか

では残った時間で、ロシア人がトルコをどういうふうに見ているかを調べてみましょう。こういうときに意外と重要なのが公教育です。ここにあるのは、明石書店がていねいに訳してくれた『ロシアの歴史』という、ロシアの義務教育で使われている歴史教科書のうちの下巻です。

ロシアの学校では、これだけの分厚い教科書二冊分を、五年間かけて全部暗記させるんですよ。授業ではそれを反復させ、試験で全部暗記しているかどうかを確認する。ロシア史だけではなく、文学も全部暗記で反復します。マッキンダーの本ぐらいの厚さなら丸ごと一冊暗唱させます。子どものときから暗記力を鍛えているから、ロシア人はすごく暗記力がある。そこらの商店でレジを打っているお嬢さんと話していて、こちらがプーシキンの『青銅の騎士』かなんかちょっと口ずさむと、向こうはその続きを岩波文庫一冊分言えるなんていうことが実際にあります。

子どものうちに記憶力を鍛える訓練をするのはロシアの教育の特徴ですが、これは中世の教育の残滓です。アラビア半島に行ったら小学生がコーランを全文暗唱していますから。コーランに節をつけて歌える子どもが山ほどいて、コーランの朗読会とかやっています。ユダヤ人なら、一三歳になるとバーミツバという行事があります。何日かかけてお祝いをしますが、そのとき旧約聖書のモーセ五書をしっかりした声で節をつけて暗唱できないと大人として認めてもらえない。それが一種の成人式なんですね。ニューギニアのバンジージャンプと一緒で、それができることが大人の証明になる。

ロシア人の強さというのは記憶力です。だからみんなこの教科書の内容を覚えています。それではロシアとトルコが戦った露土戦争に関して、ロシアは義務教育でどういうふうに国民に刷り込んでいるか。ちょっとロシアの教科書を読んでみてください。

◆バルカンの危機

1870年代の中ごろ、ロシア帝国の国際的威信と立場は、目立って揺るぎないものになった。同時に、主要な世界列強としての役割を狙っていたため、戦争を回避することは、ますます難しくなってきた。

1875年の夏、トルコのボスニア・ヘルツェゴヴィナ地方に騒動が起こり、トルコ人によって残酷に制圧された。1876年4月、ブルガリアでもオスマントルコの圧制に反対して暴動が起こった。セルビアとモンテネグロは、ブルガリア援助に赴き、トルコに宣戦布告した。しかし、兵員も少なく訓練も不十分な両軍隊は、撃滅された。トルコ政権の流血の制裁は、ロシア社会の怒りを買った。南スラヴ人の擁護へと運動は広がっていった。政府の禁を破って、数千の志願兵たち、主として士官たちがセルビア軍に合流した。セルビア軍総司令官には、ロシア退役将軍、セヴァストーポリ防衛功労者、M・G・チェルニャーエフ前トルケスタン地方総督がなった。

A・M・ゴルチャコフの提案により、ロシア、ドイツ、オーストリアはイスラーム教徒とキリスト教徒の平等な権利を求めた。ロシアは、平和的な手段による問題の解決をめざし、数回にわたるヨーロッパ列強会談を催し、ここでバルカン情勢調整案が作成された。しかし、トルコはイギリスの後押しに勇気づけられ、すべての提案に対して拒絶やら横柄な沈黙やらをもって応じた。

1876年10月、ロシアはセルビアを決定的な壊滅から救い出すため、セルビアにおける軍事行動の停止と休戦条約の締結の要求をトルコに突きつけた。ロシア軍の南部国境への集結が開始された。

皇帝は、こういう措置を講じれば、トルコはヨーロッパ列強の提案を受け入れざるを得なくなり、そのことによって大きな戦争は回避できると考えた。苦い経験に学んだ皇帝は、トルコと戦争になれば、結局はロシアとヨーロッパ列強との戦争になりかねないことを危惧していた。アレクサンドル2世は、オーストリア＝ハンガリーがトルコ側に立って参戦しないように、オーストリア軍によるボスニア・ヘルツェゴヴィナの占領に同意した。

◆ロシア‐トルコ（露土）戦争の開始

1877年4月12日、アレクサンドル2世は、セルビアにおける大量虐殺の停止要求の受け入れを拒絶したことに応え、トルコに宣戦を布告した。皇帝は、この出兵がロシアに何ら金銭的利益はもたらさず、かえってロシアの経済状態を難しくするだけだとは理解しながらも、不承不承この一歩を踏み出したのである。しかし、もうひとつの考えが勝ったのである。アレクサンドル2世としては、ロシアの大国としての役割がまたもや疑問視され、ロシアの要求が無視されることを見逃すわけにはいかなかった。さらに、バルカンにおけるスラヴ諸民族の守護者というロシアの伝統的役割と折り合いをつけなければならなかった。このことは、多くの有力誌や宮廷界が皇帝に進言していた。ロシアの世論は概して政府を支持し、政府を戦争に傾けさせた。

敵対国との力関係はロシアに有利になってきており、軍事改革が好結果をもたらすようになってきた。ロシア軍はクリミア戦争時と比べると、訓練もより行き届き、装備もより充実し、戦闘能力もいっそう高まっていた。それにもかかわらず、軍事改革がまだ不十分であったことは、必要な物資の供給が不足していたこと、最新式装備が欠如していたこと、だがもっとも重要なことは、現代戦を遂行する能力のある指導要員が不足していたことにはっきり現れている。なかでも、最高統帥部の指揮官に問題があった。皇帝の弟で軍人としての能力に欠けていたニコライ・ニコライヴィチ大公が、バルカン半島におけるロシア軍総司令官に任命されたことだった。（九〇 - 九一頁）

あと結論の部分もお願いします。

◆サン＝ステファノ講和条約　ベルリン列国会議

ヨーロッパ列強は、ロシア軍の成功に危惧の念を抱いた。イギリスは、マルマラ海に大艦隊を投入し、オーストリア＝ハンガリーは、反ロシア同盟の結成に着手した。アレクサンドル2世はこのような情勢をふまえ、さらなる攻勢を停止し、トルコのスルタンに休戦を提案、即座に受け入れられた。

1878年2月19日、サン＝ステファノにおいてロシア・トルコ講和条約の調印が行われた。この条約によって、ベッサラビア南部がロシアに返還され、ザカフカース地方ではバツーミ、アルダハン、カルスの各要塞とそれらに隣接する領土がロシアに併合した。戦前トルコに従属していたセルビア、モンテネグロ、ルーマニアは、独立国となった。ブルガリアは、トルコを構成する自治公国になった。ヨーロッパ列強は、この制約条件に大きな不満を抱き、サン＝ステファノ条約見直しのため、全ヨーロッパ列国会議の招集を求めた。

戦闘で大きな人的・物的な損失を受けたロシアは、新しい反ロシア同盟の結成という脅威のもと、会議招集の考えに同意せざるをえなかった。この会議は、ドイツのビスマルク宰相の議長のもと、ベルリンで開催された。ビスマルクはかつて、中立及びロシア支持をも公言していたが、実際にはロシアの敵対国に味方していたのである。ゴルチャコフはヨーロッパ列強の統一戦線を前にして、新しい講和条件に同意せざるを得なかった。ブルガリアは二分され、北部はトルコに従属する公国、南部はトルコの東ルメリア自治州となった。セルビアとモンテネグロの領土は大幅に削られ、ロシアがザカフカースに獲得した領土は縮小された。

同時に、トルコと交戦状態になかった国々は、トルコ利益擁護に尽力したことで報償を受け取った。オーストリアはボスニアとヘルツェゴヴィナを獲得、イギリスはキプロスを獲得した。

（九四‐九五頁）

以上のまとめとして、「質問と課題」というのが載っています。読んでみてください。

1. ロシア－トルコ（露土）戦争の原因は、何ですか。
2. この戦争の特徴は何ですか。
3. 地図を用いて、この戦争の主な戦闘について述べてください。
4. ロシア軍の成功にヨーロッパ列強は、どのような反応を示しましたか。
5. 1877〜1878年の露土戦争は、どのような結果をもたらしましたか。

（九六頁）

つまりさきほど読んだようなことを徹底的に授業の中で覚えさせ、最後に課題を考えさせることで、頭の中に刷り込んでいくというやり方なんですね。しかも、一六歳のときには全国統一試験があります。その全国統一試験はマークシート式だけれども、今読んだようなことを全部暗記していないと答えられないような試験です。これに合格しないと高校卒業資格を取れません。そうやって義務教育で暗記を通じて、こういう歴史観を刷り込んでいるわけです。ある国について分析するときには、その国の公教育で使われている教科書の内容を分析することがすごく重要なんです。

そうすると、ロシア人にとってはトルコなんてとんでもない国ですよという教育がなされているることがわかります。ロシアは人道的な介入をした。列強は自分たちの利己的な思惑からトルコをサポートしている。特にイギリスは後ろについてる。その中でロシアは経済的な利益はないけれど、大国としての威信とそれから自分たちの同胞を救うという道義性で決起した。

今、この物語をプーチンは反復しているわけです。シリアには人口の一〇パーセント、キリスト教徒がいます。このシリアのキリスト教徒の権利擁護というのは、ロシアの中ですごく重要な大義名分になっているわけです。ロシアはそういうふうに過去の歴史を扱って、国民も公教育の中でそれを刷り込まれているわけでしょう。それだから何かあれば、「トルコの野郎、ふざけやがって。また挑発をかけてきてるな。目にものを見せてやれ」となるのは当たり前です。きっともう少したつと、露土戦争のドキュメンタリーとか、露土戦争のドラマが出てくるでしょう。もともとの土壌が悪いところへ、そういうふうに煽っていくから、これはかなり大変なことになりますよ。

この『ロシアの歴史』(上下巻)というロシアの教科書を日本語に訳した本、値段は一巻あたり六八〇〇円プラス税で高いけれど、これはすごくいい。このテーマについて扱ったいい本が日本語では、本書を除いてないから、下巻だけでも買っておくと、クリミア戦争のことか露土戦争とか、今のロシアの情勢を理解するにはいいテキストになります。ロシア的な偏見はあるけれども、よくできています。

BBCはドラマで国民を教育

ちなみにイギリスのインテリジェンス的かつ地政学的なものの見方がよく現れているのは、イギリスのBBCがつくった『MI-5』というテレビドラマです。MI-5というのは英国機密諜報部のことです。原題は『spooks（スプークス）』、幽霊という意味ですが、スパイのことです。そのシーズン5のエピソード6と7に、「サウジアラビア公館占拠」という回があります。

どういうストーリーかというと、ロンドンにあるサウジアラビアのビジネスセンターが占拠されるんだけれど、ちょうどイギリスとサウジアラビアの経済協力週間の催し物が開かれていて、たまたま百何人もいるサウジアラビア王子のうちの四人がイギリスに来ていた。そこでの大きな目玉は、イギリスがサウジアラビアに原子力協力をするというもの。サウジは核開発をしたいと思っているわけです。それと同時に、石油を戦略物資として使いたいから原発をほしがっている。イギリスは経済的に困窮した状況にあるし、サウジから安定的な石油の確保をしたいと同時に、イギリスの原発技術を送り出すことによって経済的な効果もあるし、核技術の根っこをイギリスで握っておきたいという思惑がある。

ところがその王子のうちの一人がアルカイダのスポンサーだという情報が入ってきた。でもそれが四人のうちの誰かはわからない。内務省からそれを調査しろという命令がMI‐5になされる。それでサウジアラビア文化センターのレセプションに行って調査をしていたら、突然そこにいるウエイターたちが銃を持って立ち上がって公館を占拠してしまう。それは実はアルカイダだった。それで占拠されているところで、王子の一人が、「俺が交渉してくる」と言って立ち上がる。アラビア語でこっそり「俺はおまえたちの仲間だ。だから俺のことはなんとかしてくれ」という話をする。そうしたら相手はにたっと笑って、「おまえは俺たちの仲間じゃねえ。おまえは俺たちがいちばん憎んでるやつだよ」と言って王子を撃ち殺してしまう。それでMI‐5の女性メンバーがテロリストたちと話をして言う。

「あんたアラブ人じゃないし、アルカイダじゃないわね。あんたと同じ訛りを話す人を知ってる」

それがイエメン出身のユダヤ人。要するに彼らはイスラエルの情報機関であるモサドの謀略で、アルカイダのふりをしてイギリスに入ってきた。公館を占拠して皆殺しにしてやるといえば、アルカイダの王子が出てくるから、ぶっ殺してやれ。さらにそこでテロ事件を起こしてイギリス人を殺して巻き込めば、そんな国に原発なんか売れるかということになって原発販売を阻止できる。イスラエルは、イギリスによるサウジへの原発販売を阻止したいから。

それで、これは明らかにモサドの仕業だということになる。しかしモサドのロンドン代表は、全然口を割らない。そこでＭＩ－５は考えるわけですね。アルカイダだったら最後は自爆テロをするだろうから爆弾を仕掛けるけれど、モサドだったら自爆テロをすると見せかけて絶対に退路を確保する。だからどこかに退路が何かあるはずだということで、戦時中の地下鉄の線路と公館の地下が壁一枚でつながっているのを発見するわけですよ。そうしたらそこに爆弾が仕掛けてあって、連中がそこから逃げようとするのをそこで待ち伏せをしているという、こういうストーリーです。

サウジアラビアが原発をほしがっているとか、サウジアラビアがアルカイダをサポートしているとか、サウジアラビアが原発を持とうとしたら、イスラエルはどんなことをしても阻止するとか、現実を取り入れた話がものすごくよく組まれています。

イギリスの公共放送では、こんなリアルなドラマを放送しているわけですね。このシリーズは二〇〇二年から二〇一一年まで毎年秋に放送していて、視聴率も二〇％近くを得た人気作です。だからイギリス人はみんなこのドラマを見るという形で、テロとの戦いとか中東情勢について学んでいる。つまりロシアが教科書なら、イギリスは公共放送で、テロとの戦いが重要で、監視カメラが重要で、といったことを徹底して国民に刷り込んでいるんです。こういうことをやっているのが、イギリスとフランスの決定的な違いです。もしフランスでこんなテレビ番組をつくったら、人種差別だ、人権侵害だって深刻なことになるでしょう。だから地政学は、こういったイギリスのサブカルなどにも活きているんです。

では、今日はここまでにします。

第四講

海洋国家とは何か

出島以外にもあった鎖国時代の交易の窓

『マッキンダーの地政学』と同じく、原書房から出ている『マハン海上権力史論』という本があります。海洋の地政学に関しては、この本がマッキンダーと並んで基礎的な教科書的なものになります。ただしマッキンダーほどの汎用性はありません。今日はこの本をテキストにして講義をしていきましょう。

海洋戦略論は、イコール、アメリカ論でもあります。われわれが今、考えないといけないのは、海洋国家とはどういう性格のもので、どういう振る舞いをするかということです。海洋国家にとっての脅威は同じ海洋国家です。海洋国家と大陸国家は手を結ぶことができる。ところが海洋国家と海洋国家は磁石のN極とN極のようなものだから、常に反発するというわけです。日本が海洋国家であるという前提に立つと、現在の日本が置かれた情勢がよくわかります。

日本の歴史を考えてみましょう。あまり自覚はないかもしれませんが、日本は昔から有数の海洋国家です。平安時代だって室町時代だって、シベリアの間宮海峡からジャワのあたりまでなら、われわれは自由に行き来していました。本当は三韓の時代や渤海などの話をしないといけないけれど、それはまた古代史の話になってしまうので、まずは江戸時代の鎖国というものを、どういうふうに見るかということから話していきましょう。

鎖国という言葉には、国を完全に閉ざしているようなイメージがあります。しかし実は鎖国をしていたときも、日本は長崎の出島以外にも外国との窓を三カ所、開けていました。北からいくと、まずは松前口。すなわち松前藩を通じて、北海道全域から樺太（サハリン）、さらに東シベリアまでわれわれは交易していました。

ちなみにまだ公には発表されていませんが、安倍さんは二〇一六年五月にロシアに行こうと計画しています（二〇一六年二月現在。その後、五月六日にソチでプーチンと会談）。これには海洋戦略が関係しています。

まず、なぜ安倍さんがロシアに行くのか。本来ならば、プーチンさんが日本に来る番でしょう。

しかしプーチンさんが日本に来るなら、当然東京に来ることになるし、公式訪問になる。公式訪問だから、そこにおいては合意文書をつくることになります。これはアメリカが認めない。アメリカは、ウクライナやシリアでロシアがけしからんことをしているから、このけしからんロシアと通常の外交関係を持つことは罷りならんと、こう言っているからです。

確かにロシアは力によってクリミアの状況を変えてしまった。さらにシリアに軍を派兵して本格的な戦争を始めている。このことを考えれば、今のロシアのとっている行為を追認することは、日本としてはやるべきではないし、日米同盟の域内、それから西側の一員という考え方からすれば、外交でできることには閾値があります。公式訪問は、その幅を超えている。

ところで業界用語でいう「信頼醸成サミット」というものがあります。これは首脳同士の非公式の会談です。通常は首都以外の都市を訪れてそこで会談をし、首脳間の信頼を増進するという形の首脳会談です。これは国と国の外交関係がなくても行うことができます。

たとえば一九九七年一一月のクラスノヤルスクにおける橋本龍太郎さんとエリツィンさんの会談も、信頼醸成サミットです。この信頼醸成サミットなら、アメリカも「歓迎すべきことではないけれど、仕方ない」「ほめられたことではないけれど、認めましょう」という話になる。だからそれを計画しているわけです。

信頼醸成サミットの目的

安倍さんとプーチンさんの信頼醸成サミットの目的の一つは、日本がロシアからガスと石油を買う長期的な契約をすることです。ロシアの国家予算は石油一バレルあたり五六ドルで組まれているのですが、この原油安で一バレル約三〇ドルになり、一時は二〇ドルを割り込んだ。ということはロシアは予算の組み替えをせざるを得なくなっている。すでにお金が回らなくなって、公務員も民間も給与の遅配が生じ、年金にも悪影響が及びかねない。こういう状況だから、いまロシアはお金が必要なんです。

そんなとき日本がロシアと長期的な契約を交わし、石油を買い付けるということは、ロシアだけでなく日本にとってもプラスです。現在、石油の価格は一時的に安くなっています。もっともサウジアラビアが少し減産すると言っていますから、流れは少し変わりつつあるけれど、でも基本的に原油は安くなっている。この構造は、サウジアラビアの戦略によるものです。

サウジアラビアは二つのことを考えている。一つは他国に石油の代替エネルギーの開発をさせないということです。特にシェールオイルの開発をさせないということです。したがって石油の値段を低く抑えておいて、「シェールガス開発はコストが高いし、不安定だ」という状況をつくり出しておく必要がある。これはどこの新聞や雑誌にも書いてあることです。

もう一つは、対イランの観点から考えるとわかることです。いまイランとサウジアラビアの関係は、かつてなく緊張しています。二〇一六年一月三日にサウジアラビアはイランとの外交関係を断絶しました。他方、アメリカをはじめとする西側諸国はイランに対する制裁を解除している。ということは、いままで滞っていた二十数兆円ぐらいのカネが、今後イランに入ってくる。イランは石油を欧米諸国に本格的に輸出して、そのお金で石油関連施設の設備更新をするとともに、軍の近代化をしたいと考えているわけです。

サウジとイランでは石油を掘るときのコストが全然違います。極端な言い方をすると、サウジアラビアは地面に穴を掘ればそのまま石油が噴き出してくる。イランはそういうわけにはいかないので、掘削にそれなりの設備を投資しないといけない。それだから原油価格を安く抑えておくということは、サウジにとってはイランが外貨を蓄積するのを妨害することになります。

この二点において、サウジアラビアは原油安戦略を採っているわけです。

もっともいつまでもこれを続けていると、ロシアが参ってしまいます。いま、サウジアラビアはロシアの力、特にロシアの原子力技術を必要としているから、ロシアに少しサービスをしなければならない。「それなら、じゃあ五%ぐらい減産するかな」というような流れが生まれている。これが現在の基本構造です。

ですから日本がロシアからエネルギーを買うということは、ロシアに対するカードになる、安倍訪露とのからみでは、可能性があります。

北洋航路の鍵を握るのが日本

それから、これはまだ誰も言っていないことですが、日本がロシアとの関係を改善するなら、日本が北洋航路についてロシアと協力体制を構築することが非常に重要になります。

つまり、もし中東に有事が発生した場合、日本の報道はホルムズ海峡が封鎖されるという話ばかりだけれど、もし封鎖されたらもっと深刻な事態になる場所があります。それがスエ

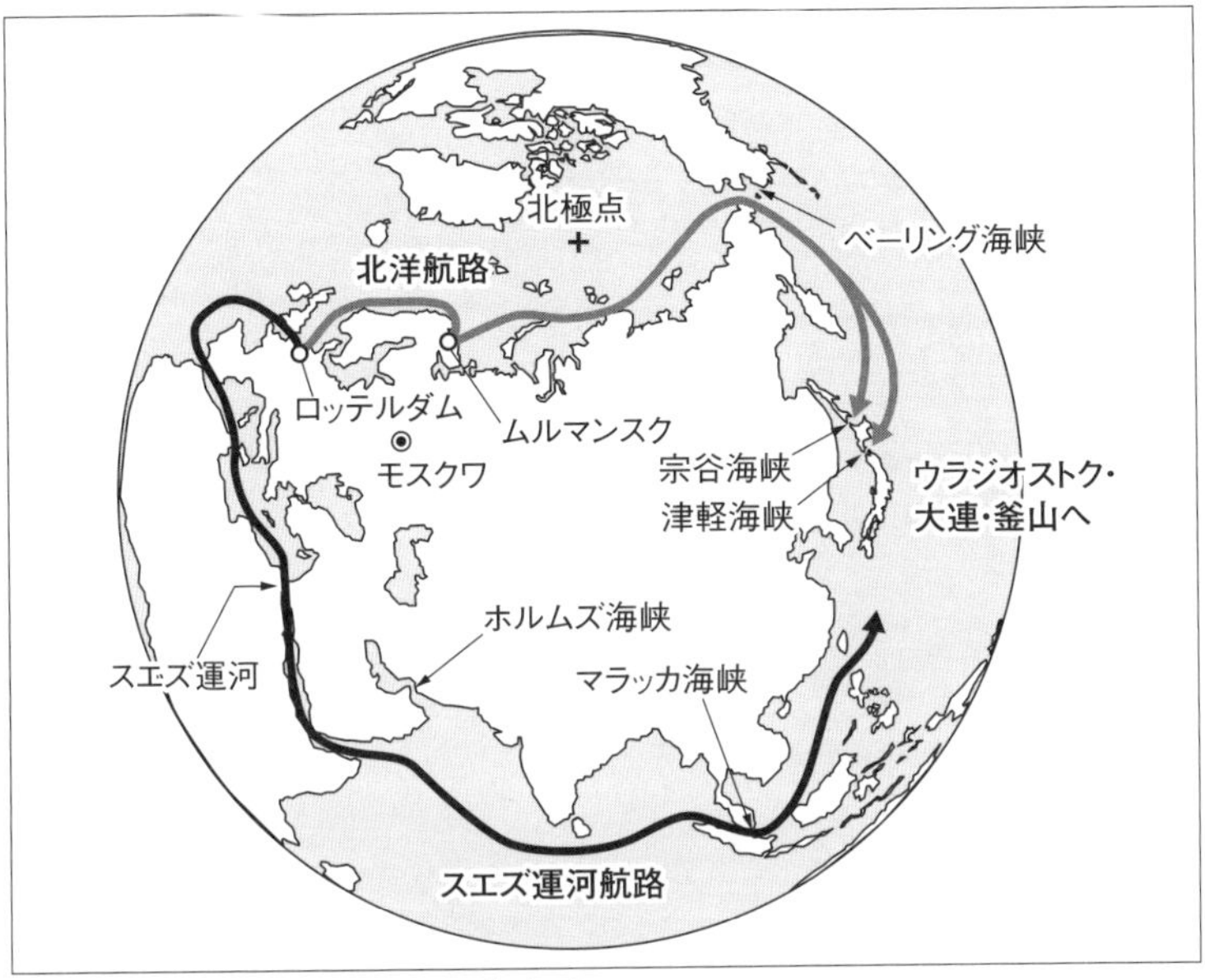

北洋航路がスエズ運河航路の代替航路となる

ズ運河です。

もし中東に有事が発生して、スエズ運河が使えなくなるとどうなるか。喜望峰を回らないと物流ができなくなります。ヨーロッパからの物流の九〇%はスエズ運河経由ですから、そうなるとムルマンスク発で北極海を通り、ベーリング海峡を抜けて、宗谷海峡もしくは津軽海峡を経て、ウラジオストク、あるいは大連、釜山等に行く北洋航路がスエズ運河の代替航路になるでしょう。

ここはマッキンダーの地政学の想定外なので、与件の変更になります。マッキンダーの地政学において北氷洋は閉ざされた海なので、ここの航行はできませんでした。そうであるから、ユーラシアというのは閉ざされた空間であるという考え方で、それで世界島ができているという考え方だったわけです。

ところが地球温暖化と砕氷船技術の発達によって、いまや北氷洋、北洋の通年航行が可能になっています。韓国や中国と比べても日本の砕氷船の技術はいまだ優位を保っている。しかもディーゼル砕氷船で日本のレベルに達している国はほかにない。ロシアも砕氷船を持っているけれど、原子力砕氷船ですから。

もしこの先、ベーリング海を抜けて、宗谷海峡、津軽海峡を通らないといけないということになれば、日本がへそを曲げただけで、北氷洋ルートは使えないことになります。

津軽海峡は一応国際海峡になっています。日本の領海は一二海里ですが、国際海峡である津軽海峡は三海里です。あるいは宗谷海峡の反対側の半分はロシアが持っていますが、ロシアに近い側の宗谷海峡は流氷が集まるため、冬場の航行がしにくい。そうするとどうしても南側、稚内に近い側の航路を使うことになる。そんなとき日本とケンカをすると、日本は「海峡封鎖をする」、あるいは「臨検する」と言うかもしれない。こういうことになったら、北氷洋ルートは使えない。

それだから北洋航路を開設するということは、同時に北方領土問題の解決につながるわけです。おそらく安倍政権はこの考え方を引き出しに入れていると思う。

いま北海道五区では鈴木宗男さんが軸足を民主党から自民党に移しているのではないかと

いう報道があります。その一つのファクターは、安倍政権が本格的にロシア問題に着手したい、その場合は鈴木さんの知恵を借りたいと思っているということでしょう。ですから、こんなふうにして地政学は、今の政局での対ロ政策に影響を与えていると思います。

「しかし、佐藤さんはそういうふうに言うけれど、樺太とロシアの間には間宮海峡（ロシア側の名前ではタタール海峡）があるじゃないか。あそこを使えば航行できるじゃないか」と思うかもしれません。しかし、これは事実上できません。間宮海峡は一番深いところでどれぐらいの深さがあると思いますか？　わずか八メートルです。平均は二メートルです。しかも冬場は凍結するので、歩いて渡れます。だから間宮林蔵があそこに行くまで、ロシア人は樺太とロシアの大陸は陸続きだと思っていた。でも、ほとんど陸続きと見てもいいぐらいの狭い海峡です。したがって大型船の航行は不可能なんです。それだから日本が北洋航路における物流の決定的な鍵を握ることができるわけです。

もう一つ、ロシアが陸上での物流を確保するには、シベリア鉄道の輸送量を増す必要があります。その場合、何がネックになるでしょうか？　トンネルです。コンテナを二段積みにすれば倍の物流が可能になる。ところがロシアのトンネル技術では、今のトンネルの高さを倍にすることはできない。できなくはなくても、膨大なコストがかかる。日本はトンネル技術がものすごく進んでいます。それはそうでしょう。青函トンネルを掘れるぐらいなのですから。だから日本がロシアにトンネル技術を供与してシベリア鉄道の近代化を行えば、今度は陸上での物流を確保することができる。その意味において、マッキンダーの地政学においては閉ざされていたユーラシア島は開くことができるわけです。その可能性を日本は持っている。したがって日本は世界の地政学秩序を大きく変化させるプレーヤーになるかもしれません。このことに気づいている人は意外と少ないのです。

オランダとは貿易ができた理由

さて、鎖国に話を戻しましょう。日本は松前口からシベリア、樺太と交易をしていました。その交易する品物には、どんなものが多かったと思いますか？　昆布です。では、江戸時代における日本の昆布の最大消費地ってどこだと思いますか？　それは琉球なんです。樺太のあたりで採れた昆布が、江戸時代の日本の交易ルートを経て沖縄まで運ばれていた。だから今でも沖縄では、昆布が盛んに使われています。沖縄そばとか豚の角煮だって、出汁は昆布でとるでしょう。あれにはものすごく長い伝統があって、実は平安時代ぐらいから、昆布はずっとこの北方ルートで樺太やシベリアあたりから沖縄に流れているんです。

さて、鎖国していたころの二つめの窓は対馬口です。対馬藩を通じて朝鮮半島と連絡を取っていて、さらに朝鮮半島を通じて、明との連絡も取れていました。その後、明は清と冊封体制になったから、清との連絡も取れていた。

ところでご存知のように日本は鎖国していても、長崎には出島があり、オランダとの貿易は行われていました。ちなみにオランダの宗教は、プロテスタンティズム、カルバン派です。日本ではカトリシズムが禁教になったのに対して、プロテスタンティズムであるオランダとはなぜ交易を認められたかというと、一つはオランダのカルビニズムには、「世界をこのカルビニズムの考え方で統一していこう」というような発想がないからです。

カルビニズムでは、人間は生まれる前から「救われる人」と「永遠に滅びに定められている人」がすでに決まっていて、地上のわれわれはそれについて知ることはできないと考えます。せいぜい世俗的な仕事での成功を通じて、神様に選ばれているということを確信するだけなのです。だから力によって他人に宗教を押しつけるということに対して魅力を感じない。

それに対してカトリシズムは、全世界にキリスト教を布教することに使命を感じています。カトリック教会は一四九四年にトルデシリャス条約の結果、世界をポルトガル領とスペイン領に分けました。その分類で、日本はポルトガル領ということになった。それだから日本にはポルトガル系の宣教師がたくさん来たわけです。

カトリシズムの考え方は、力で普遍的な価値観を押しつけるものです。それだからカトリックの神父は今でもラテン語を勉強しないといけません。ミサを日本語で行えるようになったのは最近の話で、もともとはラテン語で行われたからです。だから聖なる普遍語であるラテン語を知らないといけない。一方プロテスタントにはそのような発想はまったくなく、礼拝は世俗語で行われます。

要するに、今の新自由主義と一緒で、普遍的な原理を力によって押しつけるというのが当時のカトリシズムの特徴でした。もしこんな宗教が日本にやってきたら、日本の固有性は失われ、文化の危機になって、結果として植民地になるだろう。こういう危機感を、豊臣秀吉、徳川家康、そして最終的に徳川家光は非常に強く持った。それだからカトリック国との外交関係を断絶して、カトリックの宣教師の活動を禁止したのです。

しかしプロテスタントに関しては、そもそも宣教しようという意欲が希薄だから、出島でオランダに門戸を開いておいても大丈夫だと考えた。

オランダとつきあった理由のもう一つは、オランダが当時においての海洋大国だったことです。日本も海洋大国。海洋国家である日本が一番強い海洋国家と手を握るという発想をした。それだから、鎖国をしていても唯一の貿易相手がオランダだったというわけです。

そして三つ目の窓口が琉球です。要するに、これも琉球を通じて、明、その後は清と貿易関係を持った。

このように見ていくと、日本は鎖国をしていても、実質的に東アジアの周辺世界プラス当時の世界最強国であったオランダとのネットワークを持っていたわけで、これは当時の日本としては、必要かつ十分なネットワークであったと言えるでしょう。だから「鎖国」という言葉だけがひとり歩きしてしまうけれど、実態は鎖国というより、日本の安全保障上に危険がある外国との交易や宗教の活動を遮断したということに過ぎません。

日本はロシアとアメリカの草刈り場に

一八五〇年代になると、この前提条件が崩れてきて、鎖国を続けるのが難しくなってきます。当時の各国の動きを読むとき、非常に重要になってくるのが海洋戦略です。

日本は膨張するロシア、そして海洋に進出するアメリカとのはざまで、両国の草刈り場になってしまった。ロシアは最初、毛皮を求めて東に進出してきました。日本を領土にしようというよりも、基本的には毛皮の確保、交易の確保が目的です。もう一つの目的は、ロシア正教をいかに伝えていこうかという思いがありました。

アメリカが日本に来た目的に関しては、教科書にはどういうふうに書いてあるでしょうか？　捕鯨船で太平洋に進出し、船の水や食糧を確保するために、その中継地として日本に行く必要があったと書いてあります。そして最近の実証研究によれば、もう一つの理由があったことがわかりました。最近の歴史書、岩波講座の『日本通史』とか、現在刊行中の岩波講座の『日本歴史』、あるいは最近の高校の日本史の教科書を見ると、そこに「石炭を確保するために」というワーディングが加わりました。実はポイントは、石炭です。

アメリカではそのころ蒸気船が普及し始めていました。ところがアメリカには当時炭鉱がわざわざイギリスのマンチェスターから石炭を持ってきていたと思いますか？　わざわざイギリスのマンチェスターから石炭を帆船に積んで、アメリカまで運び、それでアメリカの蒸気船を動かしていた。石炭を手に入れるのに、ものすごくコストがかかったんです。日本はすでに江戸時代の半ばから、筑豊炭田の開発をしていました。アメリカは、日本で石炭が採れるということを聞きつけたんです。

もし石炭を日本から入手することができれば、これはマンチェスターから持ってくるより圧倒的に安いし、アメリカの目的は中国貿易や東南アジアに進出することですから、日本で石炭を購入できるのだったら、これはアメリカ経済の大きなプラスになる。だからアメリカは石炭を求めて日本にやってきたのです。

そのあとも、アメリカは別のものを求めてやってきました。それがアホウドリのウンコ。どういうことかというと、太平洋の無人島にアホウドリが糞をして、それが何万年もずっと堆積し、リン鉱石化していたんです。このリン鉱石が化学肥料になるということが、一九世紀の後半に発見されました。それだからアメリカはアホウドリのウンコがたくさん蓄積されている無人島を探して、それを削りにきたというわけです。

日本は土壌が豊かだから化学肥料はそれほどいらないけれど、アメリカは土地が痩せているから化学肥料が必要だった。日本はあまり化学肥料には関心がなかったけれど、その代わりアホウドリの羽根に関心があった。当時、フランスとイギリスでは羽根のついた帽子と羽布団が流行していたので、アホウドリの羽根がものすごく高く売れたんです。その結果、日米でアホウドリの争奪戦になった。

アホウドリは、なぜアホウドリと言うのでしょうか？　これは無人島に住んでいる鳥だから、人間を怖がらない。一メートル二〇センチぐらいの大きい鳥なのに、逃げもしないから棍棒でぶん殴るだけで簡単に殺せる。この鳥は阿呆ではないかということで、アホウドリという名前になった。いまでは人間によって乱獲された結果、絶滅が危惧されていますが、かつて伊豆諸島の鳥島なんてところにはアホウドリがものすごくたくさんいたんです。

海上輸送は陸路より有利

それでは地政学的な観点から、アメリカは何を考えたのか。『マハン海上権力史論』で読んでみましょう。

海洋が政治的、社会的見地から、最も重要かつ明白な点は、それが一大公路であるということである。いや、広大な公有地という方が良いかも知れない。その上を通って人々はあらゆる方向に行くことができる。しかしそこにはいくつかの使い古された通路がある。それは、人々が支配的ないくつかの理由によって、ほかの通路よりもむしろ一定の旅行路を選ぶようになったことを示している。これらの旅行路は通商路と呼ばれる。そして人々はなぜそれを選んだのか、その理由は世界の歴史を調べればわかってくるであろう。

海上には周知又は未知のあらゆる危険があるにもかかわらず、海路による旅行も輸送もいずれも、常に陸路によるよりはより容易かつ安価であった。オランダが商業上の大をなしたのは、海上輸送のみならず多数の静かな水路のおかげであった。それらの水路によってオランダは、自国の内陸部及びドイツの内陸部へかくも安価かつ容易に行くことができた。二百年前においても海上輸送は陸上輸送より有利であった。しかしそれは、道路があまりなくしかも非常に悪く、戦争がしばしば起こって社会が不安定であった時代においては一層顕著であった。当時海上輸送は盗賊の危険に瀕していたが、それでも陸路によるよりは安全かつ迅速であった。当時のオランダのある著述家は、イギリスと戦争になった場合の勝利のみこみについて見積った際、なかんづく次の点に注目している。それは、イギリスが水路を国内に十分ゆきわたらせることができなかったこと、それにイギリスは道路が悪かったため、国内のある場所から他の場所へ物資を送るには海路によらなければならず、途中捕獲される危険にさらされていたことである。純然たる国内通商については、今日ではこの危険は一般になくなっている。海上輸送が今もなおより安価ではあるが、たとえ沿岸通商が破壊され、ないしはなくなったとしても、今日では大抵の文明にとってそれは単に不便だというだけに過ぎないであろう。しかし共和制フランス及び第一次帝政時代の諸戦争の際は、海上にはイギリスの巡洋艦が群がり、フランス内陸には良好な道路があったにもかかわらず、フランスの沿岸に沿って護送船団が一地点から一地点へとひそかに行動していた。そのことが絶えず語られていたことを、当時の歴史やそれをめぐって生れた軽い海洋文学に詳しい人々は知っている。

（四一 - 四二頁）

ここまでで皆さんもうわかったと思いますが、一八九〇年の本で、蒸気船がまだ普及する前、帆船のときの理論ですから、ひとことで言って記述がものすごくたるい。だからこのままストレートには使えないテキストなんだけれど、ここで言われていることで何が重要かというと、海路は陸路よりも妨害されずに動くことができるんだよ、そして大量の物資を運ぶことができるんだよ、ということです。

実は日本でも、現在のように陸路がこんなに発達したのは最近の話です。私は靖国通り沿いに住んでいたのですが、あそこには新坂とか舟町という名前の町がある。でも地図を見るとわかるように、近くに川はありません。ではなぜ地名に舟という字がついているのか。これは簡単で、実は今の靖国通りは江戸時代には川だったからです。それを埋め立てて道路にしたわけです。

私は、靖国通りから一本奥に入った道沿に住んでいたんですが、江戸時代の古地図を見たら、家の前の四メートルぐらいの狭い道が江戸時代の街道だったことがわかった。だから今の靖国通りは川で、舟町とか新坂は船着き場があった跡です。いまも靖国通りの下には川が流れているから、集中豪雨が降ると住吉町の交差点のところはすぐに冠水するんです。

こういうふうに、東京にはあっちこっちに川があった。どうしてか。物資を運搬するために、川と運河を掘っていたからです。だから道路網が発達した現代のわれわれは、川の重要性が皮膚感覚でわからなくなっている。

第一、江戸時代までの日本人は、一生の間に自分の村からだいたい一八キロしか動かなかったということが、実証研究で明らかになっています。だから物流とか移動とかいうのは、特殊なテクニックを持った特殊な人たちの特殊な仕事ということになるわけです。

船の中は旗国主義の世界

それではもう少しマハンを読んでみましょう。

しかし現代の状況下においては、国内商路は海に面する国にとってはその事業のほんの一部を占めるに過ぎない。外国産の必要品やぜいたく品は、自国船又は外国船のいずれかによって自国の港まで運んでこなければならない。それらの船はこれらの品物と交換に、天然の産物であれ加工品であれ、その国の産物を積んで帰っていくであろう。そしてこの海運業を自国船によって行うことは、すべての国にとってその願望である。こうして往ったり来たりする船は、帰るべき安全な港を持たなければならないし、また航路を通じてできる限りその国の保護を受けなければならない。

この船舶の保護は、戦時においては武装船によって行わなければならない。したがって狭義の海軍は、商船が存在してはじめてその必要が生じ、商船の消滅とともに海軍も消滅する。ただし侵略的な傾向を持ち、軍事機構の単なる一部として海軍を保有している国はこの限りでない。アメリカ合衆国は現在侵略的目的を持っていないし、その商船隊も姿を消してしまった。したがって艦隊の衰退も海軍に対する一般的な関心の欠如も至極当然の帰結である。しかしなんらかの理由で海上貿易が引き合うことが再び発見されるときは、海運に対して再び大きな関心が注がれ、艦隊の復活を促すようになるであろう。中央アメリカ地峡を通ずる運河の開設がほぼ確実になれば、積極的な海外進出の衝動が強まって同様な結果をもたらすこともあり得よう。しかし果たしてそうなるか、疑問である。平和的で金もうけの好きな国民は先見の明を欠くものであり、先見の明は特に現代においては、適当な軍備を整える上に必要であるからである。（四三頁）

船というものは、国家の利益をそのまま体現するものでしょう。ということは、国家の延長線上にあります。ですからたとえどこの海にいても、船の中はその船が属する国の一部だとみなされるんです。

たとえば実際にはありえないけれど、皆さんが北朝鮮の万景峰号に乗って、元山（ウォンサン）に行こうとしていたとしましょう。その途中、日本の領海内の新潟沖で、北朝鮮の船員によって財布をとられてしまった。その場合、どの国の警察に訴えると思いますか？　これは日本の警察ではなく、北朝鮮の警察です。

船の中は基本的には旗国主義といって、旗がついている国の主権がそのまま及ぶことになっています。だから得体の知れない国の船には、あまり乗らないほうがいいんです。

いま、ヨーロッパにできるだけ安く行こうと思えば、ディスカウントチケットがあったら、サーチャージを含めて八万円台ぐらいで行けるでしょう。あるいはトルコ航空だったら六万円でも行けるかもしれない。しかし、昔はそうはいかなかったわけです。一九七〇年代半ばぐらいまでは、みんなどういうルートで安くヨーロッパに行っていたのでしょうか。

まずは横浜港から船で二泊三日かけてナホトカに行く。ナホトカは通過することしか認められていなかったから、そこですぐに港で待っている列車に乗り換えて、夜行列車でハバロフスクに行き、ハバロフスクからアエロフロートの国内線でモスクワに飛ぶ。

当時のソ連には、モスクワを経由するときは、必ず二泊しなきゃいけないという決まりがありました。外貨を落とさせるためです。だからいやいやモスクワに二泊する。それからヘルシンキ行きの汽車に乗ってヘルシンキに抜けるというのが、一番安いルートでした。

もう少し知恵がついてくると、ハバロフスク発キエフ行きの国内線に乗り、キエフからミュンヘン行きの列車に乗るという方法をとるようになる。これならキエフには二泊しないですむから、このほうが節約できたんです。キエフルートは知る人ぞ知るルートだった。

こういう時代に、東京外国語大学のロシア語科の女子学生が語学研修旅行に参加してバイカル湖号に乗った。ところが船がナホトカに着いたら彼女がいない。ソ連側は何か事故に遭ったのではないか、あるいは身投げしたのではないかと言ってたんだけれども、北海道に死体が流れ着いた。それで解剖してみたら、体内に精液が残っている。これは強姦殺人事件ということで、ソ連側にいったい何があったんだと照会したら、ソ連の船員がその東京外語大の女子学生を襲って、抵抗したから殺して死体を海に投げ捨てたということがわかったんです。

しかしソ連の船のなかで起きた事件だから裁判権はソ連にあり、被害者の家族は誰も傍聴にも行けず、「こういう裁判をして、犯人は懲役何年になった」という紙切れ一枚が来て終わり。現在でも原理的には船の中で何らかの被害に遭ったら同じことになります。船はそれぐらい旗が立っている国の管轄が重要です。

そうすると、もし旗が立っていない船があるとしたらどうなるのか？　これは海賊船です。だからどの船も必ず、どの国の船かを示す旗が立っています。

でも昔は船の船籍を登録する登録料がすごく高かった。でもリベリアやパナマなど登録料をすごく安くしている国があって、そこで登録すれば「便宜船籍」というものが与えられた。すると世界の船の九割以上がパナマ船籍というような状態になってしまったことがありました。でも何か事故があったとき、パナマ政府が責任をとるかといったらとりませんから、いまでは便宜船籍は少なくなっています。海洋はこういう不思議な世界なんです。

かくして帆船しかなかったところへ蒸気船ができたことによって、人々は自由自在に太平洋を行き来できるようになりました。それでアメリカは日本に石炭の経由地としての魅力を感じたんです。日本で石炭を補給することができれば、今度はインド洋まで自由に行くことができる。さらにインド洋で石炭を積めば、今度はアフリカまで行くことができる。世界のネットワークを維持することができるわけです。

つまりアメリカの関心は、日本から石炭とか水とか食料を得ることにあったので、日本を植民地化しようとは思わなかった。これは日本にとって非常に運のいいことでした。これがもう少し後、一八七〇年代になると、アメリカもだいぶ帝国主義的になっていますから、もしその時点で日本とアメリカの出会いがあるとするならば、米西戦争のような感じで戦争が起きて、日本がフィリピンなどのようにアメリカの植民地にされていた危険性は十分あるのです。

脅迫的なアメリカ、日本尊重のロシア

さて、話を戻します。マハンが書いていたように、商船隊を守るのは軍艦の任務だった。その意味においてまさに暴力的、それから強権的です。だからペリーが日本に開国を迫るときも、「おまえ、開国しなければ大砲をぶち込むぞ」という外交になるんです。

ちなみにペリーの艦隊の船は黒船と言われるでしょう。タールで黒く塗っていたからです。ペリーが乗っていた「サスケハナ号」にしても大きさは二五〇〇トンぐらいで、東京と伊豆七島を往復する「さるびあ丸」が五〇〇〇トンなので、その半分ぐらいの大きさです。でも当時の日本人にはものすごく巨大な船に見えた。当時の日本の標準的な船はそれより小さかったからです。米などの物資を運ぶ廻船は何トンぐらいあったと思いますか？　二〇トンから四〇トンなんです。二〇トンから四〇トンの船しか知らない人が初めて二五〇〇トンの船を見たわけだから、それは今まで見たことがない巨大な船なわけです。それでびっくりしてしまい、「かなうわけがない」と開国してしまう。だから、アメリカは圧力によって日本を開国させた。

ところがロシアは日本に圧力をかけません。実はロシアのほうが日本人との接触は多かっ

た。当時、ロシアの艦隊の連中は日本語を話すことができました。もうすでにイルクーツクやサンクトペテルブルグには日本語学校があったからです。それこそ伝兵衛や大黒屋光太夫のように、漂流民でそのうちロシアに留まった人間を日本語の先生にして、日本語教育を始めている。その目的は何かといえば、日本にロシア正教を広めることです。

ここにロシア正教とカトリックの決定的な違いが表れています。正教は、その土地の土着した言葉で典礼を行い、その国の風俗習慣に合わせるのです。

東京の神田駿河台にニコライ堂というロシア正教会の教会があります。この聖体礼儀に行くと、日本の天皇への賛歌がある。「日本国天皇陛下、皇后陛下、皇太子殿下、皇太子妃殿下をはじめ、日本国の皇族に対して神のご加護代々にあれ。アミン（アーメン）」と言って祈る。こういうふうに、その国の国家秩序に対して徹底的に忠実であれというのがロシア正教です。

だからおもしろい話があります。ニコライは一八六一年に初めて日本にやってきて正教の伝道に一生を捧げた人ですが、彼の影響力は非常に強く、日本のロシア正教の信者はカトリックやプロテスタントと同じぐらいいました。日本のキリスト教の三分の一以上は正教徒で、正教の学校もたくさんあり、知識人の中にも正教徒が多かった。

ニコライの宣教の方法が興味深いのは、宗教を押しつけないことです。相手が自分から扉をノックして入りたいと言ってくるまで、自分からはキリスト教徒になれとは言わない。たとえば新島襄は函館でニコライから英語を教えてもらっていましたが、ニコライは新島襄にキリスト教に入信しろとは一言も言いません。新島襄も当時キリスト教には関心はないから、ただ英語の先生として英語だけ教えてもらっていました。

あるいは明治時代、ロシア正教を伝える際に中心となった司祭で、沢辺琢磨という人がいます。彼はもともとキリスト教徒ではありません。むしろロシアからとんでもない「僧侶」が来たらしいから、これを叩き斬るといってニコライを殺しに行ったのです。しかしニコライが、「私を殺したいなら殺せばいい。でもまずは話をしないか」といって沢辺と話をしているうちに、沢辺はニコライの人間性に感化され、正教徒になるのです。

一九〇四年に日露戦争が始まると、ニコライ堂でニコライはこう言った。

「あなた方は日本の正教徒だから、日本の勝利のために祈りなさい。ただし私はロシア人だからその祈りをすることができないので、これから礼拝は日本人の司祭にやってもらいなさい。同時に、私は日本の正教徒に対しての責任があるから、ロシアに帰らずにこの国に留まります」

こういってニコライは蟄居する。フランスがロシアの利益代表国になるから、フランス公使がニコライを守ることになります。明治天皇が「ニコライは立派な人間だから守るように」と特別な指令を出したので行動も自由でした。

それだからニコライは当時、日本の捕虜になったロシア兵のところへ慰問に訪れ、「戦争ではいろんなことがあるけれど、日本人は非常にいい人たちだから、戦いが終わればお互い仲良くできるでしょう」という話をしていた。それだから日露戦争が終わったあと、日本はロシアと日露協商というものを結び、準同盟的な関係になるのです。のちにロシア革命が起きるまで日本とロシアは友好国でした。

ニコライが死んだときは、明治天皇が花輪を贈っています。これは非常に珍しいことで、このようなことをしたのは外国人宣教師ではニコライだけだと思います。

それぐらいロシアはその土地に土着化していくやり方をとります。一八五三年にプチャーチンが日本に来たときは、はじめに根室に来たでしょう。しかし根室じゃ話ができないから長崎に回れと言われる。それで長崎に回ったら、来年来いなどと言われて、数年のあいだずっとたらい回しにされるわけです。それでも怒らずに何度も来る。

アメリカはすぐに大砲をぶっ放してやるぞと脅して、開港もされていない浦賀に勝手に来てしまうわけです。このままだったら江戸城を砲撃されるのではないかと怯えさせて開港させた。

ロシアは日本人の気質ということを考えて、「こいつらは力で強圧的に言うことを聞かせると、そのあと必ず反発する」と考えた。それだから納得ずくで進めたほうがいいから、時間をかけてやりましょうということにした。だから、一八五五年に日露通好条約を結ぶけれども、そこには治外法権規定はありません。日露通好条約は経済については、ロシアに一方的な最恵国待遇を認めていますが、政治的には平等条約です。

このようにロシアとアメリカは日本に対する接し方は違いますが、これは海洋国家と大陸国家の違いでもあります。だからもしロシアがアメリカより先に日本との国交を開設して、ロシアの影響が北側から強まっていたら、非常に恐ろしいことになっていたでしょう。彼らは日本人の自治や日本人の文化というものを認めるから、逆にフィンランドのようにロシア帝国の中に日本の自治を認める形で日本が取り込まれてしまった可能性がありました。その中には天皇も当然いて構わないという二重の構成になって、ロシアの延長線上に入ってしまった危険性は十分ある。このあたりがアメリカの政策とロシアの政策との大きな違いです。

琉球占領の計画もあったアメリカ

このように考えると、一八五四年にペリーが来たのは非常に運がよかったといえます。これがもし一八六〇年代の後半だったら、もっと大変だったでしょう。それは南北戦争の関係です。

ペリーが来た一八五四年はまだ南北戦争の前でしたから、アメリカにまだそれほど動きがない。でも、アメリカのやり方はかなり乱暴だったのです。もし日本が開国しなかった場合には、琉球を占領する計画がありました。

それにはまず琉球に拠点を置く必要があったので、日本と条約ができた後、琉球に立ち寄って、琉球で琉米修好条約という日米和親条約と同じような条約を結んでいます。この条約は不思議な条約で、中国語と英語で書かれている。アメリカでは琉米修好条約はアメリカ議会で批准され、それで公布していますから国際法的に有効な条約です。

さらに琉球側の裁判権に関する規定があります。なぜ裁判権に関する規定があるかというと、実はペリー艦隊の水兵が沖縄で婦女暴行事件を起こしている。ところがペリー艦隊の連中は東洋人の女性の年齢がよくわからなかったから、六十数歳の女性に襲いかかって暴行した。その水兵が沖縄の若者に捕まって、海に投げ込まれて殺されてしまった。そうしたらペリーのほうは軍隊を動員して琉球に圧力をかけるというやり方ではなく、裁判というやり方を提案した。自分のところの水兵が婦女暴行事件を起こしたわけだから、これに関しては非はアメリカ側にあると認めるけれども、だからといって勝手に海に投げ込んで殺してはいけない。裁判というものがあるから、裁判を行って双方の言い分を聞き、証拠に基づいて判決を出し、それに従って罰しないといけない、ということでそれで裁判権をつくったわけです。それで近代的な裁判を一応行って、そのとき水兵を殺した連中は裁判で有罪の言い渡しを受け、遠島（流罪）になった。実際はその後、琉球政府は連中をまた戻してしまうのですが、こういういきさつがあったので、条約の中に裁判権の条項があるわけです。川路聖謨《かわじとしあきら》が浦賀でやった交渉以上の成果を、当時の琉球政府はあげているともいえます。

今後、この琉米修好条約は日本の中央政府と沖縄の間で大きな問題になるでしょう。それ以外にも一八五五年の琉仏修好条約と一八五九年の琉蘭修好条約という三つの国際条約があるから、これらの条約に関しては、いま沖縄の一部で返還要求が出ています。これはこれから沖縄と日本の中央政府の間で歴史認識をめぐる深刻な問題になります。

いずれにせよ、そのときペリーは沖縄の地形の測量を行っています。アメリカはこのとき測量したデータに基づいて一九四五年四月一日に、読谷沖から上陸したのです。だからペリーの測量も無駄にならず、結局は沖縄戦の準備に使われた。海洋国家はこれほどまでに、きちんと戦略を組み立てているものなのです。

南北戦争と西南戦争

われわれは日本史について考えるとき、それを世界史の文脈から切り離して考えてしまうクセがあります。そうすると、明治維新とアメリカの南北戦争には関係があるとはなかなか考えない。

南北戦争はいつ起きたか？　一八六一年から一八六五年です。アメリカの第一六代大統領のエイブラハム・リンカーンは、日本では奴隷解放運動で有名です。しかしリンカーンの本当の歴史的な功績は、南北戦争で文民初の軍最高司令官になったことです。

彼は軍事戦略家として、ものすごく優秀だった。リンカーンは「総力戦」という考え方を初めて採りました。すなわち今までの戦争は、傭兵と傭兵、軍人と軍人で戦うものだった。リンカーンの考え方は違います。

南軍だったら女も子どもも高齢者も一切容赦しないで皆殺しにする。生産拠点もつぶす。そうすることで完全に焦土にして、相手の生産基盤を失わせることによって勝利する。それだから南北戦争でアトランタが壊滅するわけです。

それに対して南軍のほうは伝統的な軍人と軍人の戦いをするから、勝てるわけがない。南軍はリンカーンの「総力戦」という思想に敗れたわけです。

南北戦争以来、この総力戦という考え方が世界の戦争に導入されました。だからその意味ではリンカーンは恐ろしい人です。しかも軍人としては独学でこの戦い方を編み出したわけですから。

そして南北戦争で負けた南軍の連中は、国内に居場所がなくなってしまった。そういう人たちはどうしたと思いますか？　明治政府の軍事顧問に「お抱え外国人」という人たちがいたでしょう。これはほとんどが、もと南軍の連中です。要するにアメリカで食いっぱぐれて、もう連邦政府ではまともな職もない。そういう連中がみんなアジアに逃げてきた。それから軍事顧問という形で傭兵に流れてきた。

さらにアメリカでは、南北戦争のときにつくった武器が山ほど余っている。その武器を売りつけたいので、とにかくアジアに戦争を煽る。その煽られた戦争の一つが、一八七七年の西南戦争です。西郷隆盛は歴戦の勇士ですから、西郷軍のほうが編成は圧倒的にいいわけです。でも政府軍に敗れた。なぜ負けたかというと、武器の性能が劣っていたからです。明治維新政府は南北戦争で余った新型兵器をアメリカから大量に手に入れていたので、それによって西郷軍を負かすことができたんです。

西郷軍が敗れたもう一つの理由に、西郷隆盛の健康上の理由があります。上野の西郷隆盛の銅像を見たことがあるでしょう。着流しみたいな和服を着て、犬を連れて立っていますね。しかし軍人なら、なぜ馬に乗っていないのか？　フィラリアだからです。西郷隆盛はフィラリアにかかったせいで、陰嚢が肥大していた。だから首から三角巾みたいなものをぶら下げて、金玉をいつも引き上げていた。だから馬にも乗れない。

西郷隆盛は最期、首を斬られて死ぬでしょう。その後、死体の確認はどうしたかというと、陰嚢を見て、「肥大した陰嚢があるから、間違いなく西郷隆盛だ」と判断したわけです。

当時はまだ感染症とか痛風とかにかかると、判断力が鈍ることが多かった。指揮官の健康は、実は歴史に大きな影響を与えます。大久保利通の場合もそうです。

特に注目しなくてはならない病気が痛風です。痛風だと痛いから、戦争どころではなくなって戦争をやめたりすることもある。だから戦争と病気にも大きな連関があります。

もし南北戦争がなければ、あれだけの兵器が流入することもなかった。それから軍事顧問が明治維新政府につくこともなかったから、西南戦争なんて全然違う流れになっていたでしょう。歴史にｉｆは禁物だというけれど、横の連関で考えると非常におもしろいものです。

さて、もう少しマハンを読んでもらいましょう。「緒論」のところです。

シーパワーの歴史は、決してすべてとはいわないがその大部分が、国家間の紛争や勢力争い、そしてしばしば戦争にまでなった実力闘争の物語である。海上貿易が諸国の富と力に大きな影響を及ぼすことは、国家の成長と繁栄を支配する真の原則が発見されるよりずっと前からはっきりわかっていた。

自国民のためにそのような利益をけたはずれに多く確保しようとして、他国民を締め出すべくあらゆる努力が払われた。そのためには、平和的な立法措置によって独占的ないし禁止的な規則をつくるか、もしそれらの措置が失敗したときは実力を直接行使するかのいずれかの方法がとられた。こうして通商上の利益や、まだ定住者のいない遠く離れた商業地域における諸利益のすべてではないにしても、より多くを専有しようとして争うことから引き起こされる、利害の衝突や憤激の感情のために戦争が起こった。一方ほかの原因によって起こった戦争も、海を支配するか否かによってその実施と結果が大いに左右された。シーパワーの歴史は、海洋上において又は海洋によって国民を偉大にする傾向のあるすべての事柄を包含しているが、以上述べたところからそれは主として軍事史であるということができる。以下、全面的にではないがおもにこの面について考察してみたい。

偉大な軍事指導者たちは、正しい考え方をし、また将来戦争を巧妙に行うためには、このような過去の軍事史の研究が緊要不可欠であると教えてきた。ナポレオンは、将来に大望を抱く軍人たちの研究すべき会戦の中に、まだ火薬のことを知らなかったアレキサンダー（Alexander）やハンニバル（Hannibal）やシーザー（Caesar）が戦った会戦を挙げている。

また専門的著述家たちも次の点については事実上意見が一致している。それは、戦争における諸条件の多くは兵器の進歩とともに時代から時代へと変っていくが、その間にも不変で、したがって普遍的に適用されるため一般原則といってもよいようなある種の教訓があることを歴史は教えている、ということである。同じ理由から過去の海洋の歴史を研究することは有益であろう。そのわけは、過去半世紀の間における科学の進歩と、動力としての蒸気の導入によって、海軍の兵器には大きな変化がもたらされたにもかかわらず、過去の海洋史は海戦の一般原則の例証であるからである。（五-六頁）

兵器体系がいろいろと変化したところで、変わらない普遍的な法則があるんだということをマハンは言っています。これはどういうことかというと、世界には海洋国家と大陸国家があって、海洋国家にとって海洋国家は脅威である。それだから、海洋国家と海洋国家は折り合いをつけるか、戦うか、どちらかしかないということです。日本はアメリカと開国したけれど、その後、アメリカとではなくイギリスと、日英同盟を結んでいます。なぜイギリスを選んだかというと、イギリスは当時最大の海洋国家だったからです。

のちにワシントン会議(一九二二年)で日本、アメリカ、イギリス、フランスは四カ国協定を結んでいますが、これは取って付けたようなものです。この四カ国協定によって太平洋地域の新しい秩序をつくるという口実で日英同盟を発展的に解消させ、集団的自衛権のような集団安全保障の体制にしたんです。その結果、日英同盟が崩れて、日本はどういう選択をしたかというと、太平洋地域においてイギリスに代わって海洋国家となったアメリカと衝突するという戦略を選んだ。それがどういう結果になったかといったら、先の戦争の結果です。

ソ連は満州国を認めていた

日本とロシアの関係を考えてみましょう。ロシアは共産主義国だから日本とは関係が悪かったと思われています。でも一九三〇年代に日本が傀儡国家の満州国をつくったでしょう。ソ連は満州国を承認はしませんでした。しかし外交関係がないにもかかわらず、実際には満州のハルビンにも新京にもソ連の領事館はあったし、ソ連のチタにもイルクーツクにも満州国の領事館があった。だから事実上、満州国を国家として認めていたわけです。

国際法の教科書では、領事関係は自国民の保護が目的だから、外交関係とは別だということになっていますが、二〇世紀になって領事関係と外交関係を区別するなんてことは基本的にありません。だから事実上、ソ連は満州国とは決して悪い関係ではなかった。

一時期、日本はソ連との関係において、「政経不可分」などと言って、「領土問題が進まないと経済協力をしない」と言っていたけれど、そうなったのは一九七〇年代に入ってからです。それまで日本は「政経可分」路線で、ロシアとは政治問題で対立してもどんどん経済協力をしたいという姿勢でした。

たとえば北方領土の一部に貝殻島というところがあります。この貝殻島というところでは、貝殻島昆布協定といって、日本の漁船がソ連側に入漁料を払えば昆布を採れることになっていました。こういう仕組みが一九六〇年代にすでにできている。なぜそういうことが可能になるのか。この協定は日本側は民間協定、ロシア側は政府間協定として、北海道水産会とソ連漁業省の間の協定という形になっています。だから国としてはソ連による歯舞群島、貝殻島の領有を認めたわけではないという理屈を立てている。でも、こういうようなことはあるわけです。

では、どうして日ソの関係が悪くなったのか？　これはソ連が海洋戦略を採ったからです。ペトロパブロフスク・カムチャツキー、すなわちカムチャツカ半島のペトロパブロフスクは潜水艦の基地にされました。たとえば、アルファ級の原子力潜水艦などは世界中のどの船も絶対に沈めることができません。海底一四〇メートルぐらいまで潜れるから、そうするともうどんな機雷や魚雷を落としても、潜水艦に到達する前に水圧で爆発してしまいます。海の底にへばりついている深海魚のように絶対安全な潜水艦になる。もっとも運転音が大きいのでどこにいるかすぐわかってしまい、潜水艦としてはあまり意味がありません。こんなアルファ級の潜水艦が近づいたらすぐわかるし、来たと思ったら逃げればいいわけですから。

アメリカはこういう潜水艦を造れません。なぜだと思いますか？　アメリカに技術がないわけではないけれど、お金が足りなかった。どうしてかというと、アルファ級潜水艦はチタンでできています。チタンはレアメタルで非常に高価だけれど、ソ連は経済合理性を度外視したからチタンで潜水艦を造ることができたわけです。ところが西側は資本主義社会だから、極度に経済合理性から外れることはできない。それだから、絶対に沈まない不沈潜水艦を造ることが、アメリカにはできなかったけれどソ連にはできたんです。こんなものがあったら脅威です。しかもウラジオストクにはミンスクなんていう航空母艦もあって、原子力潜水艦や航空母艦や駆逐艦や巡洋艦も揃えて、完全に太平洋に出ていけるような体制を整えたわけです。このように海洋国家としての備えをすると、海洋国家の日本とぶつかることになります。

中国西側が「イスラム国」化する危険性

中国についてもみてみましょう。その当時、日本と中国の関係は非常に良好でした。どうしてでしょうか？　それは中国では沿岸の警備以外、海軍が機能しなかったからです。ではなぜいま、中国と日本の関係が悪くなったのでしょう？　これは中国が経済大国になったからとか、中国の軍事化が進んでいるからとか言われるけれど、そうではありません。中国が海洋戦略を採ったからです。だから同じ海洋戦略を採っている日本と軋轢が増しているわけです。だから尖閣の問題にこんなに焦点が当たってしまった。日中国交正常化のときは中国が海洋戦略を採っていなかったから、尖閣の問題は深刻ではありませんでした。

裏返して言うならば、中国が海洋戦略さえ放棄すれば、日本との関係はいつでも正常化するんです。その観点から、地政学的には「イスラム国」に注目したほうがいいかもしれない。現在、キルギスとタジキスタンは破綻国家なので、そこに「イスラム国」の戦闘員が入ってきているからです。その動きが強化されて「第二イスラム国」的な動きになると、新疆ウイグルの国境は管理できていませんから、あのあたりに「第二イスラム国」ができる可能性がある。そして、ウイグルのほうにどんどん影響を拡大していこうとすると、中国は海洋戦略を採るどころではなくなる。中国西側の領土は、ほとんどが「イスラム国」になって失う危険があります。

しかも、中国には回族という人たちがいます。これは漢人、中国人だけれども、イスラム教を信じている人たちです。たとえば皆さんが北京に行かれると、羊肉を出す中華料理屋があると思います。日本でも新大久保とかこの池袋にも、羊肉をベースにした中華料理を出すお店がある。こういうお店をやっているのは、中国人だけどイスラム教徒の人たちです。イスラム教徒はブタを食べないから、羊料理がメインになる。

そして新疆ウイグルが「第二イスラム国」化すると、ウイグル族以外の中国に在住するイスラム教徒にも過激なイスラム主義が広がっていくでしょう。やがてこの動きが北京まで来る。そうしたら中国としては外に出ていくどころではなくなります。

中国はこのあたりの民族問題や宗教問題に関する基礎研究が弱い。それだから、どういう脅威が現在迫っているかがよく読めていません。それだから無意味な海洋戦略を行って、本来ならば中国にとって本当に安全保障上の脅威になる西側の国境問題で、日本やアメリカと提携できるのにその可能性を自ら潰している。

ちなみに、中国の海洋戦略がいかに愚かであるかは、航空母艦を造っていることからも明らかです。これは前に別の講座でお話をしたことがあるので、二回話を聞くことになってしまう人もいるかもしれませんが、ちょっと我慢して聞いてください。

三次元地政学の問題が浮上

いま中国が持っている航空母艦は、洋上カジノを造ると言ってウクライナから騙して買ってきたものです。買ったのはマカオのカジノ会社ということになっているけれど、船はマカオには入らず大連の軍港に入り、その直後にそれを買ったカジノ会社は解散し、船を造り直して航空母艦にしたというものです。

あの航空母艦を見ると、前の舳先のほうがスキーのジャンプ台のように上を向いているでしょう。イギリスとアメリカの航空母艦は平らです。この違いはどうして出るのか。これは飛行機を発射させるためのカタパルトの技術の差からです。カタパルトに爆薬を入れて、パーンと飛ばすわけなんですが、この技術はイギリスとアメリカしか持っていません。それだから、あの前のほうをジャンプ台にしているのは、飛び出すときに浮力をつけるためで、これは匠の技を持った飛行士でないと飛び上がれない。そうすると、これで飛び上がれるようになるまでは訓練に三年から五年かかるし、そのプロセスで飛行機はたくさん落ちるし人も死ぬ。つまり航空母艦を造るのに五年、訓練に三年から五年かかるから、実用化までに合わせて八年から一〇年かかることになるわけです。いまから八年後から一〇年後、軍事の世界はどうなっているでしょう？　無人戦闘機が中心を占めています。それこそ三沢でも市ヶ谷でもいいけれど、そういう基地の地下室にいながらにして無人戦闘機を操縦するだけで、世界の全域を覆うことができる。もう戦闘機に人が乗る必要はない。そんな時代の航空母艦は単なる標的にすぎません。だから中国がこの航空母艦にものすごいカネとエネルギーと人員を投入しているということは、実は歓迎すべきことです。もし中国がこんなものを造るのをやめて、潜水艦とサイバー技術と無人飛行機にそのエネルギーを全部投入したら、これはえらく面倒なことになりますが、そうはしていません。

ちなみに日本は、これから中国との対策で何をすると思いますか？　恐らく、準天頂衛星を打ち上げるはずです。準天頂衛星とは何かというと、日本の真上を通る人工衛星のことです。いわゆる静止衛星は赤道上でしょう。モンゴルのような平原だったら、何も妨害するものがないから静止衛星を使えます。しかし日本はビルがあちこちにあるので、静止衛星は使えない。それだから、常に日本の真上に衛星がいるようにするためには、衛星が七個から八個必要です。これを準天頂衛星といいます。

この準天頂衛星を七個から八個打ち上げると、日本版ＧＰＳがつくれます。実はいま、日本のＧＰＳはアメリカの準天頂衛星を使っています。それだから、カーナビは実際の位置と少しずれるんです。あるいは、いま高齢者の徘徊防止のＧＰＳをつけることはできるけれども、家の中でベッドからおじいちゃんやおばあちゃんが落ちたことを教えてくれるほど精度の高いＧＰＳはまだつけられません。でもアメリカでは可能です。なぜなら準天頂衛星が自国の真上にあるから。

このように日本は日本版のＧＰＳで位置測定の精度を上げたいという理由で、準天頂衛星の打ち上げを用意しています。これを打ち上げたら日本版ＧＰＳができて、カーナビやスマホの地図ものすごく正確になるし、本当に誤差二、三センチですべてのものが追跡できるようになります。大事なものにＧＰＳの発信装置をつけていれば、置き忘れてもどこにあるかをピタッと当てられる。

しかし、日本が自前でＧＰＳを持つということは、アメリカを信用してないということでもあります。中国も北朝鮮も軍事用にアメリカのＧＰＳを使用しているから、アメリカはいざとなればアジア向けのＧＰＳを切ってしまえばいい。そうすればＧＰＳに依存しているシステムは何一つ使えなくなります。しかしわれわれが自前の準天頂衛星を持っていれば全然問題ない。その準天頂衛星でいつでもミサイルを誘導できます。だから北朝鮮の能力と比べた場合、日本のほうが核に関してもミサイルに関しても、潜在的にははるかに高いものだということです。

この準天頂衛星というのを考えたのは、ちなみに言っておくと、自民党ではなくて民主党です。安倍さんはあまりそういう難しいことはよくわからない。だから、いろいろと威勢のいいことや気合いは入れるんだけれど、外交ではアメリカの機嫌を逆なですることもけっこうやる。でも実際のインフラで日本をどうやって守れるかというところになるとほとんどやらないという不思議な人です。

ちなみに北朝鮮は今度また気象衛星を新たに打ち上げるそうです。北朝鮮の自称によれば四つ目の衛星ということになります。おもしろいことに、最初の二つの衛星打ち上げも成功しているといって、何分おきにどの軌道を回っているかというようなことまで発表している。ところが今まで、その衛星を発見できた人は一人もいません。北朝鮮は「よく探せ、探せば必ず見つかる」と言っているけれど、誰も見つけることができない。三つ目は何かゴミのようなものが衛星軌道を回っていることが確認された。この宇宙空間に北朝鮮の人工衛星が存在しないということを証明するのはものすごく難しいんです。ＳＴＡＰ細胞は存在しないということを証明するのと同じぐらい難しい。これは海洋の地政学だけでは解決できない、三次元地政学の問題です。

キリスト抜きのキリスト教

それでは、話をもう一回戻します。アメリカをどう捉えるかという問題です。アメリカはいま海洋戦略を採っていて、とにかく海を使って自由に支配できる領域を広げていこうとしています。それは植民地支配で領域支配をして、土地を増やすということではありません。自国の影響力がある場所、何かあったら自国の船がいつでも行ける場所を増やすという考え方です。

ではアメリカの考え方の根底にあるアメリカ的なるものは何かということになると、アメリカのキリスト教になります。アメリカのキリスト教というのは不思議なキリスト教で、現在、大統領選が行われていますが、選挙演説では「神にかけて」とか、GOD、神という言葉がしょっちゅう出てくる。ところが、クライスト、キリストという名前は出てきません。これはなぜか？　キリストというとキリスト教徒に限定されて、イスラム教徒やユダヤ教徒は排除されてしまうからです。

アメリカの一ドル札には昔から「IN GOD WE TRUST」と書いてあるでしょう。フリーメイソンのマークにはピラミッドがついているでしょう。このことからもわかるように、アメリカのキリスト教の考え方はキリスト抜きのキリスト教です。これはユニテリアンという特殊なキリスト教です。

この人たちは、「イエスは偉大な先生であるが、しかし神の子ではない」という立場に立ちます。イエス・キリストは孔子やブッダと同じような偉大な宗教指導者である。しかし神の子ではない、そんな神の子などはいない。こういう考え方のキリスト教です。これがアメリカの隠れた国教なんです。

おそらく無意識のうちでしょうが、この価値観をアメリカは輸出したがっています。そうするとアメリカを理解するためには、地政学だけでは一面的で、キリスト教を理解しないといけない。日本の特徴は、アメリカとの関係において植民地になったことがないことです。

これは明治期の日本のキリスト教徒に、何人か優秀な人がいたからです。

外国にミッションスクールをつくるのは、その国にキリスト教をそのまま宣教するのが目的だから、基本的に植民地にするのが目的です。ところが日本の主流派のプロテスタント教会は、「自主、自給、自伝」をモットーとして運営されました。「自主」というのは、要するに人事は自分たちで行いますということ。「自給」というのは、お金も極力自分たちで集めますということ。仮に本部からお金をもらうことがあっても、言うことは聞きません。お金だけ出してくれてありがとう、というわけです。「自伝」とは、宣教は外国人の宣教師ではなくて、日本人にやってもらいますということです。日本のプロテスタント教会の主流派はこういう考え方を採った。それだから、植民地化を免れたわけです。

ちなみに、なぜそういうふうになったのでしょう。もしかしたら一八五〇年代に江戸時代に開国した直後にプロテスタンティズムが入ってきていたら、みんなアメリカのプロテスタンティズムに惹かれてしまって、植民地化したかもしれない。

南北戦争の後に明治維新が起きたでしょう。だから、南北戦争の南側と北側でキリスト教の団体が分裂していて、同じカルバン派の長老派からでも、北長老教会と南長老教会がそれぞれ宣教師を派遣して、お互いものすごく罵り合う。次にバプテスト派でも北バプテストと南バプテストというのが来て、ものすごく仲が悪い。それで、メソジスト派でも北メソジストと南メソジストというのがいて、険悪な雰囲気でケンカばかりしている。日本の明治期のクリスチャンはそういう姿を見て、「教えはいいけれど、この教会はあまりいいものではない」と思ったわけです。神学校にしても、明治学院とか東京神学舎などがあると思えば、神戸に神戸神学校というのがあって、これは南長老教会で、これがものすごく仲が悪い。こういうのを見ていて、日本の神学校の中でも同志社だけは勘弁してほしい、この南北戦争のトラブルを日本に持ち込まないでほしいということで、南北戦争でケンカしている人たちを入れなかったんです。それで、独自の体制をつくった。

南北戦争が終わってから四年で明治維新だから、みんながついこの間まで殺し合っていたという記憶がある。それから、南北戦争で敗れた南軍のほうの飲んだくれとか、程度のよくないアメリカ人がたくさん来ていたので、あまり高級な連中と思わなかった。それもあって、誰がこんなミッションの言うなりになるかと思ったという歴史の偶然の巡り合わせがあります。

仮に明治維新があと一〇年遅れていたとしたら、南北戦争によるアメリカの南北分断の痛みはかなり克服されていたから、アメリカが一丸となってやってきたかもしれない。特に米西戦争の後だったら団結力があったかもしれない。そうしたら日本人たちは、アメリカ的なキリスト教ってすばらしいと思ってしまったかもしれません。

目には見えないけれども、確実に人々を動かす宗教。あるいは文化的な了解と言ったほうがいいかもしれない。こういうふうなものを両方を合わせることによって、本当に地政学がわかるんです。だから、日本の地政学書を読んでもなかなかわからない。「これ、単なるパワーゲームみたいだな」とか、「何か軽いな」とか、あるいは「一種の陰謀論みたいだな」と思うのは、地政学を支えている目に見えない思想は何なのかという問題に踏み込んでいないからです。そうすると、意外と問題は宗教と絡んでくるというわけです。

では、今日の私の話はここまでにします。何か質問などありましたらどうぞ。

質疑応答

受講者I　宗教とか文化的な了解を学ぶというか、根本的なところを知るための、何か必要な資料はありますか。

佐藤　言語にできないものを言語で学ぶのは非常に難しい課題です。だから段階的に読んでいかないといけないけれど、とりあえずはキリスト教的なものが必要です。仏教も必要だし、イスラム教も必要なんだけれど、どうしてキリスト教が先かというと、今の世界の基本的な価値観はキリスト教からできているからです。

そうすると、そのへんをざっくりと捉えているものとしては、講談社現代新書から出ている大澤真幸さんと橋爪大三郎さんの『ふしぎなキリスト教』がいいと思います。細部においてはいろんな不正確さなどを指摘する人はいるけれど、ざっくりと、目に見えないけれども確実に存在する価値を見せている。それで橋爪さんは日本ではルター派なんだけれども、アメリカではユニテリアンの教会に通っているから、彼の発想は基本的にユニテリアンです。それがおもしろいと思う。

あと、私と橋爪さんでつくった『あぶない一神教』は、もう少しキリスト教サイドの専門的な議論に近づけている。『ふしぎなキリスト教』のほうがより標準的な日本の読者を想定しています。

それから神学書で、今は手には入りにくくなっていますが、ハーベイ・コックスという人の『世俗都市』という本。新教出版社から出ています。世俗化ということはキリスト教でどういうふうに解釈できるかということを述べています。さらにその理論的基礎になった、ルドルフ・オットーという人の『聖なるもの』。これは今でも岩波文庫に入っています。このあたりがいいでしょう。

受講者2 最近、潜水艦のディーゼルが、オーストラリアとの関係で非常に注目されています。日本における潜水艦とディーゼルの評価について、もう少し具体的にお聞きしたいと思います。

佐藤　日本では「むつ」という原子力船を造ったときに放射線漏れが起きて、原子力を使った船に対する拒否反応がありました。別に原子力潜水艦や原子力船を造ったらいけないということはないんだけれど、原子力船に対しては国民的な拒否反応ができたので、事実上、もう原子力船は造らないという制約条件があります。その制約条件の下で、原子力船に限りなく近いものを造らないといけない。こういうふうになったから、潜水艦も砕氷船ものすごくレベルが高いものが結果としてできてしまったんです。

そうしたら、それが大きなビジネスチャンスになった。オーストラリアは非核化政策を採っているでしょう。アメリカは今、原子力潜水艦しか造っていません。それだからアメリカの潜水艦を買えない。もちろん、ドイツ、オランダ、スウェーデンも潜水艦を造っています。ところが日本の潜水艦技術は突出していて、戦前ですら、伊号潜水艦、呂号潜水艦、波号潜水艦に分かれていた。伊号が大型、呂号が中型、波号が小型ですが、ドイツのUボートは全部呂号か波号です。すなわち太平洋を縦横無尽に動けるような潜水艦は、ドイツもオランダもスウェーデンも造れない。たかだか地中海と大西洋と北氷洋、北極海、そのあたりの沿岸を中心にして大西洋を横断するぐらいがやっとで、太平洋なんて来られないんです。だから第二次大戦中、ベルリンにいるインド国民軍のスバス・チャンドラ・ボースが東京に来ないといけなくなったときも、Uボートで連れて来られないからマダガスカル沖まで日本の潜水艦が迎えにいきました。Uボートと接触して潜水艦に乗せ、東京まで連れてきたんです。

この技術がいまもそのまま生きています。それが「そうりゅう型潜水艦」です。それで、技術が一社に偏らないようにするために、川崎重工と三菱重工で一年おきに造ってる。これがカネになるんです。だからアベノミクスの第三の矢で一番有望なのは軍事です。潜水艦の輸出、これはものすごい有望なアベノミクスの三本の矢の三本目です。兵器に頼るのは国のかたちとしてはあまりいいことではないけど、でも、それしかないというところまで来ているともいえます。

もっとも計画は頓挫してしまいました。二〇一六年四月二六日、オーストラリア政府は、次期潜水艦一二隻をフランスの政府系軍事企業DCNSに発注すると発表しました。

ターンブル豪首相は26日、造船業者が多い南部アデレードを訪れて記者会見を開き、「性能的に、仏の提案が豪州特有の要求に最も沿っているとの意見で一致した」と語った。DCNS社は原子力潜水艦を基本に、通常動力型へ設計し直して提案。静音性に優れ、ステルス性が高いとされる。

豪州は昨年2月、老朽化した潜水艦6隻を代替するため、交渉相手国に日仏独を指名。12隻の総額は500億豪ドル（約4兆3千億円）。日本は、三菱重工業と川崎重工業による「そうりゅう」型潜水艦を提案していた。

豪国防省関係者によると、日本の敗因は海外で潜水艦建造の経験がなく、リスクが高いと判断されたことが大きい。「ＤＣＮＳは海外経験が豊富で、長期的に最もリスクが低いとされた。知的財産権などの扱いにも慣れている」という。政府内には「日本を選べば中国との関係が悪化する」との声もあったという。

（二〇一六年四月二七日「朝日新聞」朝刊）

日本の経済成長戦略として、オーストラリアに「そうりゅう型」潜水艦を輸出するという構想は、民主党政権時代からありました。オーストラリアは、中国が航空母艦を建造するなど海軍力を強化していることに脅威を覚えています。それだから、老朽化した潜水艦を代替することにしました。しかし、オーストラリアは軍事同盟国である米国の潜水艦を購入することができません。現在、米国は原子力潜水艦しか造っていません。非核化政策を国是とするオーストラリアとしては、原子力潜水艦を購入することはできません。そこで、ディーゼル潜水艦でありながら、原子力潜水艦級の能力を持つ日本の潜水艦が、有力な候補となったのです。

潜水艦には、米豪が共同開発する戦闘システムが搭載される。米政府は相互運用性から日本への発注を望んだとされるが、ターンブル氏は「相手国選びは豪州主権の決定だ。日豪の特別な戦略的相互関係は日々強まっており、豪日米の強固な戦略的関係のために尽力する」と強調。「潜水艦計画は国内に2800人分の雇用を提供する」など、経済効果も重ねて述べた。

「豪州側に説明を求めたい」。中谷元・防衛相は26日、憮然《ぶぜん》とした表情で語った。日本が「世界に誇る虎の子」（中谷氏）である「そうりゅう」型潜水艦の技術を提供しようとしたのは、日豪が連携し、南シナ海などへの進出を強める中国を牽制《けんせい》する狙いからだ。

安倍内閣は2014年4月、武器輸出を原則禁止した「武器輸出三原則」にかわり、一定の条件を満たせば輸出を認める方針を決めた。今回、受注できれば、これからの武器輸出や国際共同開発に弾みがつくはずが、出ばなをくじかれた。

（前掲「朝日新聞」）

確かに、オーストラリアへの潜水艦の売り込みに失敗したことは、日本の軍産複合体にとっては大きな痛手です。しかし、安倍政権に武器販売を経済成長に直結させる「死の商人」戦略は、そう簡単に結果を出さないということを教えた点は重要です。不況下における経済政策に武器販売をどこまで含めることができるかについては、国会とマスメディアがきちんと議論する必要があります。

受講者3　江戸時代、日本が開国する前のロシアの日本に対するアプローチについて教えていただけますでしょうか。開国前に一時期ロシアが対馬を占領して、日本はそれをイギリスの力を使って追い出したということを聞いたことがありますけれど、ロシアの狙いは何だったのでしょうか。

佐藤 ロシアは対馬だけじゃなくて、沖縄の宮古島にも来ました。だから宮古島の方言研究がロシアで進められています。ロシアの狙いは何だったかというと、ロシアの海洋進出です。当時ロシアはヨーロッパとアジアをつなぐため、シベリア鉄道だけでなく、海にも出ていこうとしていました。シベリア鉄道の通過はずっと時間がかかると思ったからです。実際、シベリア鉄道が開通するのは日露戦争のときです。それだから海洋ルートを確保したい。そうなると、さっき言ったように石炭を確保できる場所、水を確保できる場所が必要です。そのための場所として対馬、それから琉球列島のうちの一つの宮古島に目をつけたということです。

受講者4 アメリカの大統領選挙が始まりました。現時点での話になると思いますけれども、いま、日本にとって一番好ましい大統領は誰なのかをお聞きしたいと思います。

佐藤 それはもう文句なしにヒラリー・クリントンでしょう。それ以外の人だったら余計な変化が多すぎます。特にトランプさんになったら、彼はレトリックの上では過激だけど実際は何もしない。その結果、アメリカは極端な孤立主義になって、国際情勢に空白をたくさんつくるから、ものすごい混乱が起きる。ただクリントンはトランプが出現したことによってネオコン化しています。だから昔のクリントンといまのクリントンは違う。ということは何が起きるかというと、アメリカは息子のほうのブッシュ政権のときに近いような政策になるでしょう。

だからクリントン政権になると状況によっては中東に軍事介入する可能性がある。それから北朝鮮は本当に気をつけなくちゃいけないけれど、いたずらに弾道ミサイルの距離を伸ばしてアメリカに近づくと、クリントンの場合は空爆も辞さないでしょう。それで北朝鮮のミサイル基地と核基地を完全に破壊する可能性がある。そうすると北朝鮮だって座して死を待つようなことはしないから、日本の中では三沢基地に対してテロ行為をやるなんてことは当然やるでしょう。そうすると、中国が挑発、クリントンの強硬姿勢というのができると、日本の中で内戦に準じるようなものが起きる可能性はある。だから、そこをすごく警戒しないといけない。実はそういう意味において、三沢は最大の重要拠点になります。

それから逆に朝鮮半島情勢が緊張すると、嘉手納の重要性が増すとともに、辺野古よりも佐世保が重要になってきます。今のところ海兵隊の揚陸艦は佐世保にあるでしょう。そうすると、もし朝鮮半島の危機のレベルが高くなると、むしろ九州の佐賀あたりに海兵隊を持ってくるのをアメリカが強く望むようになる可能性は十分ある。だから、そのへんにおいて与件の変化が起きるという可能性はある。

でも、それにしても面倒くさいのは何かといったら、今の政権は難しいことをあまり考えないようにしていることです。竹を割ったような性格というか、割れた竹のような性格というか。とにかく複雑なことが全然わからない。わかろうとする努力をしない。そして全部単純化してしまう。でも、強いんです。微分法と分数の区別がついてない。だから、dx／dyのdを通分して出してくるような、そういうことをしかねないから、ほんとうに怖い。

ではは今日はここまでにします。

第五講

二一世紀の地政学的展望

長い時間がたっても動かないもの

今日が最終回になります。この地政学講座を始めた半年前と比べると、書店に地政学の本がたくさん並ぶようになりました。ところが地政学と名前がついていても、箸にも棒にもかからないものが九割以上です。普通、悪い例は紹介しませんが、極めてひどいので名前を挙げるのが、この船橋洋一さんの『21世紀 地政学入門』（文春新書）です。率直に言って塵芥の類です。だから読むと頭が悪くなる。ただ皆さんの応用問題として、この本のどこが間違っているのかを検討してみましょう。

地政学のポイントは何かというと、「長い時間がたっても動かないもの」です。だから民族のような近代的なものは地政学には入りません。それから資源も入りません。石油は大昔からアラビア半島にあったけれど、地政学の基本要因ではありません。

この船橋洋一という人は元朝日新聞の主筆で、『カウントダウン・メルトダウン』（文春文庫）で大宅壮一ノンフィクション賞も取っている人だから、日本の一級のジャーナリストです。それでなおかつ、いろんな戦略提言をしています。しかもこれは月刊『文藝春秋』の連載をまとめたものです。それなのにこんなトンチンカンなことを書いて、地政学という名前を振り撒かれては、地政学概念の意味がなくなってしまう。だからそれを検討しておかなければいけません。じゃあ頭が悪くならないように注意しながら、列の先頭の人から少しずつ読んでいってください。

しかし、世界は再び、地政学の世界へと引き戻されつつある。地理と地図が、各国が戦略的計算を行う上で、大きな要素となりつつある。

外交も経済も市場もどこも、地政学リスクが高まってきている。

地政学的リスクとは、地理と歴史のような変えようのない要素、さらには……

（四頁）

はい、ここで船橋さんは、「地理と歴史のような変えようのない要素」と書きました。地理と歴史を並列で論じています。歴史は変化しない要因だろうか。もしそうなら、なぜ人類の進歩であるとか、古代社会とか、中世社会とか、近代社会とか、現代社会などの区分があるんだろうか。歴史を変化しない要因などと言うのは論外です。こんな本が校閲を通ってしまうなんて、文藝春秋の編集者は何をやっているのかという話です。はい、先を読んでみて。

さらには民族と宗教のような変えにくい要素が、国の戦略や外交に大きな影響を及ぼし、……

（四頁）

はい、何度もこの講義でやりましたが、アカデミズムの九八%までにおいて、民族は近代的な現象としてとらえるというのが現在の主流派の考え方です。スターリンのような民族理解ならば、民族は大昔からあるという発想になりますが、でもこんなものはアカデミズムでは箸にも棒にもかかりません。歴史的な要因があるから表象は変わってくるけれど、宗教的な要因は地政学的要因に加えてもいいと思います。しかし民族のような近代的要因を地政学の基本要素に加えてはダメです。もう少し先を読んでください。

それが国家間の摩擦をもたらすようなリスクのことである。石油や希少資源のような、その土地、その場所でしか産出できないものとか、人口のように変わるものとしてもきわめて長期的、緩慢なプロセスを経るものも通常、地政学的要素に加えられる。

（四頁）

ここもおかしいです。どうしてか？　たとえば昔から石油というものはあったのか？　たとえば古代ペルシャでゾロアスター教徒が火を拝んでいたでしょう。あれは油田から噴き出してくる天然ガスに自然発火した火を拝んでいたわけです。だから石油はありました。でもそれを化石燃料として使うという発想がなかっただけです。

岡山と鳥取の県境にある人形峠には、大昔からウラン鉱石がありました。それだから初期の日本の原子力の開発は人形峠でやったわけです。でもウランが核分裂をするということがわかるまでは、ウランという資源には誰も関心を示しませんでした。

石炭だってそうです。前回、ペリーが日本に来た理由について話しましたが、一昔前までの歴史の教科書には、ペリーは捕鯨船の航海のための水と薪、食料の補給が目的で日本に来たと書いてありました。今の教科書はその中に「石炭」というのが入ってる。最近の実証研究では、ペリーが日本に来た最大の理由は石炭を手に入れることだとわかっています。当時日本はすでに、筑豊炭田で石炭を掘り出していました。その石炭を補給することによって、アメリカは太平洋からさらに南太平洋まで東南アジアを移動できるようになる。そのための資源が必要でした。

ですから資源は大昔からあるけれど、これは地政学的要因ではありません。資源が新たに発見されるのは資源という独立した要因であって、地政学の要因ではない。こんなに一行ごとにことごとく間違いがある本も珍しい。はい、先に行きましょう。

> 日本に即して言えば、朝鮮半島と台湾が最大の地政学的要素であることに変わりはない。（四頁）

この、「朝鮮半島と台湾が最大の地政学的要素」というところ、意味わかりますか？　この著者は、安全保障と地政学は一緒だと思ってるんだな。日本にとって最大の地政学的要素は中国大陸と太平洋です。中国からアフリカまでつながるユーラシア大陸、マッキンダーがいうところの「世界島」と、太平洋に囲まれているというのが日本の地政学的な制約条件です。台湾という離れ島と朝鮮半島が、なぜ地政学条件になるのか。まったく理解できません。この人の頭の中にある地政学には定義がないし、地政学について考えたこともないということがはっきりしています。まさに居酒屋談義での地政学なんです。先に行きましょう。

日本本土を守ろうとする場合、敵が攻め込んでくる一歩手前で敵の侵攻を食い止めるには、つまりは前方展開でそれを阻止するには、朝鮮半島と台湾を少なくとも敵側に渡さないことが、そしてその地域に敵対的政権をつくらせないことが死活的に重要になる。（五頁）

これはどうでしょう、論証になっていると思いますか？　われわれが大東亜戦争に敗北した時点において、朝鮮半島は日本の勢力圏だったんじゃないの？　台湾も日本の植民地だったんじゃないの？　地政学的な要件は確保されていたのに、なぜ戦争に敗れたのか。全然証明になっていません。これは著者よりも編集者の問題です。こんなもの、読んでそのまま通してはいけない。編集者なら、こういうふうに訊かなければいけません。

「先生、日本の安全保障上絶対必要な地政学要件が、朝鮮半島と台湾に敵対的な政権ができないということですけれども、両方とも一九四五年まで日本の植民地でした。地政学的な条件が担保されても戦争に負けるんですか？」

だから編集者も何も考えていない。わかっていない編集者が、地政学の本などつくれるはずがありません。わかってない著者がわかってない編集者と組んで本をつくったら、こういう水準のものになるわけです。

これは日本の長い歴史において変わらない地政学的真実である。

しかし、まさにそのことが日本と朝鮮半島や中国大陸との緊張をもたらす最大の要因にもなり得るし、実際、日露戦争後の日本の歴史がそうだった。日清戦争で日本が得た台湾と澎湖諸島がいずれも島だったのに比べて、日露戦争では、日本は遼東半島の権益を手に入れ、大陸に初めて植民地を持った。一九一〇年には韓国を併合し、中国とロシアと直接、国境を接することになった。日本は大陸国家となったのである。しかし、日本はユーラシア大陸の地政学がどれほど恐ろしいものであるかに無知だったし、いまもそれは変わらないように見える。（五頁）

まあ、最後のところはその通りですね。こんな本が出てくるということ自体、ユーラシア大陸の地政学に日本が無知であることの証拠ではある。

次に、石油とガスの安定供給、すなわちエネルギー安全保障の上からは、中東産油国から購入する石油とガスの安定供給が重要になる。そこでは、ホルムズ海峡、マラッカ海峡、そしてインド洋、南シナ海における航海の自由の保障が不可欠である。日本、インド、中国ともそれぞれこの海域でのシーレーン防衛にこれまで以上に関心を深めている。今後は、中国もインドも、前方展開を求めて、周辺諸国との防衛協力やそれぞれの海軍の「アクセス」と「場所」の確保へ軍事力を投影していくだろう。

もう一つ、これからは人口が再び、重要な地政学的要素として重みを増す可能性が強い。米国の世界支配力が弱まり、それぞれの地域で地域大国が伸してくるだろうからである。

（五 - 六頁）

ここのところも、議論がおかしいと思いませんか。おそらくここで言いたいのは、アメリカの人口が減るにもかかわらず、ほかの国は人口が増えるということだと思いますが、人口学者でアメリカの人口が減少していくなんていう分析をしている人はいません。アメリカの人口は今後増えていくんです。三億を軽く突破する。でもこの人は、アメリカは人口が減って新興国が強くなると言っています。それだったら人口爆発が起きているのはアフリカですよ。では、アフリカの経済力は強くなるでしょうか？　よくもこんないい加減な話をして、読者を納得させることができると思っている。先を読んでみてください。

地政学は決定論ではないし、ましてや運命論などではない。

歴史をつくってきたのは、個人の創意工夫とリーダーシップであり、組織のガバナンスであり、技術や社会の革新である。（六頁）

「歴史をつくってきたのは、個人の創意工夫とリーダーシップ」。これは典型的なエリート史観です。ガバナンス能力のある特定の人間がいれば、歴史はつくれると思っている。とにかく方法論も何もない、めちゃくちゃな理屈です。要するに居酒屋で、議論整合性がない話をしているけれど、それを「俺は地政学的な観点を加味しているからだ」という形でごまかすための地政学です。

今後、こういう地政学書が増えてくると思います。困ったものです。

「山」は制圧するのが難しい

じゃあ、われわれはもう一回地政学のおさらいをしておきましょう。実は今回の講義では、地政学の入口しかやっていません。しかしみんな、そこは理解してもらえたと思います。地政学とは地理です。なぜならば地理的な要因はなかなか変化しないから。その中で私が毎回の講義で強調してきたのが、「山」です。海の問題ももちろんあります。海についてはマハンとの関係で軽く触れたけれど、今の国際情勢で障害になっているところは全部、「山」です。

なぜアメリカはアフガニスタンを平定できなかったのか。これはアフガニスタンという国の地形がほとんど山だといっていいからです。

なぜアメリカはイラク戦で失敗したのか。それはイラクの一部が山だからです。

なぜチェチェン紛争でロシアがあんなに大変だったのか。今もチェチェンはカディロフ政権がプーチンの言うことをほとんど聞かない状態になっています。どうしてでしょうか。それはチェチェンが山だからです。さらに中国の新疆ウイグル自治区の問題が深刻なのはなぜかといえば、そこが山だからです。なぜスイスが永世中立国で、金融の中心国家として自らを位置づけられるかといえば、それはスイスが山だからです。

要するに一言で言えば、「〝山〟の周辺地域を巨大な帝国が制圧して、自らの影響下に入れることは難しい」という、このマッキンダーの地政学的な制約要件は、現在も生きているということです。この講座を通じて強調したかったのはそのことだけです。だからわれわれは地図を見るとき平面で見るけれど、立体で地図を見てみる努力をするべきである。山があるということは大変な障害の要因になるし、トラブルは山から生じる。これを理解してほしいということです。

それに関連して、自由に動ける海というものが地球温暖化によって広がっているという話もしました。だからマッキンダーの地政学の軌道修正をしないといけない。

マッキンダーの時代は北氷洋が凍っていて通れなかったから、あそこが巨大な世界島になっていました。しかし北氷洋の航行は、もはや可能になっています。その前提が崩れたことは、地政学的な与件の大きな変化になり得る。

そうすると中東の政情不安でホルムズ海峡が封鎖されたら石油などが入ってこなくなるという物流の問題だって、北氷洋が通れれば、そちらを通ればいいわけだから、人類の死活的な危機は来ないということです。

それからもう一つは飛行機という移動手段ができて、地面や海面上の二次元だけでなく空という三次元空間が生まれ、戦争が三次元で行われるようになった。だから一時期、マッキンダーはもう時代遅れになったと言われていました。しかし実際にテロとの戦いなどで障害になるのは、常に「山」です。だから、この「山」ということと、高さの問題をきちんと押さえることが、地政学を勉強するときの基本になります。

宗教は重要な地政学の要因

地理のほかに、人間の世界で長いあいだ続いている要素としては、世界宗教があります。これは非常に重要です。もちろんその表象はいろいろ変化していますが、宗教は極めて重要な地政学的要因になります。

ここでわれわれは、マルクス主義的な宗教観やイデオロギー観から離れる必要があります。マルクス主義的な宗教観、イデオロギー観では、奴隷制時代のキリスト教と、中世のキリスト教と、近代のキリスト教と、社会主義社会のキリスト教は、名称は同じキリスト教だけれども、下部構造が違うから、全部異なるイデオロギーであり、その間の連続性はないという考え方になります。

たとえばこの考え方を日本史に適用して神道・天皇制を見ると、古代の天皇制と、中世の天皇制と、近世の天皇制と、明治以降の天皇制と、今の象徴天皇制はまったく別のものだから、天皇家の歴史や神道の歴史などはナンセンスだという発想になるわけです。

ソ連崩壊までわれわれが受けてきた義務教育の中においては、保守的な人たちのあいだですら、こういう下部構造と上部構造のような経済構造が歴史を動かしていくというステレオタイプな唯物史観的発想が強かった。だからどうしても、「宗教の歴史」のように連続した形で歴史をとらえる力が弱い。でも宗教は地政学的要因になります。それはもうはっきりしています。

今のサウジアラビアとイランの緊張や、「イスラム国」の誕生は、まさに古代的、中世的なイスラム教の表象から出てきたものであり、それとポストモダン的な要素が結びついて起きたものです。だから宗教史も成立し得ると思います。

これからわれわれが地政学を考えていく場合は、長く変わらないような要素として何があるんだろうということと、変わり得る要素で何があるのかということをしっかり把握する必要があります。

人種の違いも地政学的要因

そうなると、これもタブー視されていることですが、人種などという概念も地政学においては出てくるわけです。われわれは東アジアでモンゴロイドでしょう。いわゆるヨーロッパの連中はコーカソイドです。それからアフリカの黒人たちはネグロイドです。

今、遺伝子解析でおもしろいことが明らかになっています。この三つの人種の中でネグロイドとコーカソイド、モンゴロイドの間に大きな断絶があるということがはっきりしました。何だと思います？　ネアンデルタール人との混血か否かです。

ネアンデルタール人はわれわれ現生人類が生まれる前に、地球の相当部分を席巻していたと想定される人類ですが、遺伝子解析によれば、われわれモンゴロイドとコーカソイドにはネアンデルタール人の遺伝子が入っています。しかしネグロイドにはネアンデルタール人の遺伝子がまったく入っていません。ちなみにネアンデルタール人は人食いの習慣があったことが実証研究でわかっています。だから、彼らの食物には人間が含まれていて、お互いに相手の部族の人間を捕まえて食っていたわけです。

それからチンパンジーとわれわれの間では子どもは生まれません。遺伝子的に遠いからです。しかしネアンデルタール人と現代の人類の間には子どもが生まれます。だからある時期、ネアンデルタール人と現代の人類は併存していました。われわれはネアンデルタール人を絶滅させて、それで生き残ったということが人類学では想定されているわけです。

そうするとネグロイドとコーカソイドとモンゴロイドの間には、遺伝子的にどういう違いがあるか、免疫上の違いにはどういう違いがあるかなどということも、実は地政学的要因に含まれます。

ところが、「この人種は優れているが、あの人種はそれに劣る」というような優生的な思想を学問の中に入れるということは、ナチス以降、絶対的なタブーになっています。人種について研究することすら封印されているのです。しかしタブーになるということは見えないところに潜るということだから、それは依然として社会の中にある。それはどういうときに出てくるのでしょうか？

現在のアメリカは、一応人種主義を克服したという建前になっています。だから黒人の血が入っているオバマさんが大統領になることもできた。ところがその反動として現れているのが、大統領に立候補したドナルド・トランプの人気です。二〇年前のアメリカにおいては、白人至上主義の秘密結社であるクー・クラックス・クラン（ＫＫＫ）の元メンバーが誰かを支持すると言った場合、支持された人間はすぐにその支持を拒否しないと政治生命を失いました。ところがトランプ氏はクー・クラックス・クラン系の人たちが自分を支持しているということをはっきり否定しない。

「いや、俺はよくわからないし、直接聞いたことがない」

と言うだけで、まんざらでもないというような態度をとる。かつてこんなことは認められませんでした。ところがそれが黙認されているということは、実はアメリカの中で人種主義が頭をもたげだしているということです。

さきほど文春新書の悪口を言ったけれど、文春新書でも『シャルリとは誰か？』（エマニュエル・トッド著、堀茂樹訳）は非常によくできています。これはおもしろい。

トッドはヨーロッパでこれから起きるであろう最大の危機は、反ユダヤ主義だと見ています。彼の論理構造はこうです。イスラムのテロが起きて、反イスラム感情が起きる。それによって抑圧されたイスラム教徒たちは、これはユダヤ人の仕業だと思う。それでイスラム教徒たちは、ヨーロッパにいるユダヤ人排斥運動を行う。しかしそれに対してヨーロッパ社会は無関心である。ユダヤ人のことは同胞と思っていないので、守る対象の中に入れません。したがって今回の一連の反イスラムの動きは、結果としてはユダヤ人排斥につながるだろうとトッドは分析しています。積極的にユダヤ人を迫害することはないけれど、でも結果として反ユダヤ主義が起きてくる。ナチス・ドイツのときに克服したはずの反ユダヤ主義が、少し形を変えて再び頭をもたげてくるわけです。

実は地政学には、地理の要素だけでなく、人種神話など人種的な要素、宗教的な要素なども含まれます。地政学とはそういう学問なのです。ところが、いまは地理以外の要素は危なくてうかつに触れられない。タブーが多すぎる。しかし、たとえば日本の思想的な地政学について調べるなら、神道の歴史と天皇制の歴史について論じることは欠かせません。そういう要素を踏まえないと本当の地政学はできないということです。

近未来の国際情勢はこうなる

それでは今日は最終回ですから、近未来にどういうことが起きるかについて考えてみましょう。これがわからないと、高い受講料を払ってこの講義を聴いていただいた甲斐がありません。

ところが、今、「今年の国際情勢はこうなる」とか、「ズバリ予測します」などと言う人がいるとしたら、それは情勢がまったくわかっていないか、嘘つきかのどちらかです。なぜかといえば理由は簡単です。変数が多くなりすぎているから。現在の国際情勢はいわゆる複雑系のようなもので、現在の危機はさまざまな要素が複雑にからまりあった複合危機だからです。ここを単純化して分析するのは、分析家として不誠実だということになります。

しかしまったく分析を放棄するというわけにはいかないので、こういうときにインテリジェンス分析が重要になります。国際情勢における主要な出来事の原因と結果について詳細な調査をして、そこから生じてくる力を合成して、今後どうなるかをダイナミックに、動的に分析しないといけない。ですから、すごく難しい作業です。

こういうときは、意外と単純な発想を持たないといけません。われわれは比較的、その単純な発想を持ちやすい。どうしてかというと仏教的な文化圏だからです。仏教では、あらゆることには原因がある、因果関係があると考えます。なにごとも、「こういった現象が起きるのはいくつかの原因があるからこういう結果になる」という見方をする。この見方が国際情勢を読むときに役立つのです。

それでは今日は何をメインに見ていくかというと、これからの中東についてです。今、地理的にも宗教的にも、世界を動かしている重要な動因は中東ですから。

中東の次は宗教を見ていきます。イスラム教の話は中東のところでしますから、メインストリームとしてキリスト教の動きを見てみましょう。世界で最大の信者がいるのはキリスト教ですから。

先月（二〇一六年二月）、キューバでローマ教皇フランシスコとロシア正教の最高責任者のキリル総主教が会うという出来事がありました。それを解析してみると、宗教とイデオロギーの関係と、そして若干の地政学が見えてきます。

これからの中東

まず中東から行きましょう。中世の格言に、「神は細部に宿り給う」という言葉がありますが、同時に悪魔も細部に宿り給うわけで、何か大きいことが起きるときは、すごく小さな一つの事件が発端になることが少なくありません。そのときは誰も気にしないけれど、もしその事件がなければ、歴史の流れは違うものになっていたかもしれないということがあるんです。

たとえば一九一四年に、サラエボでセルビアの民族主義者の青年が、フェルディナント皇太子夫妻を撃った。あのとき一発目の弾はぜんぜん当たらなかったんです。それだから予定どおり会場に向かっていたら皇太子夫妻は無事でした。ところが一応病院に行かないといけないということで、病院のほうに車の向きを変えた。そうしたらそこに別のテロリストが潜んでいて、最初は爆弾を投げたんだけど、それは夫妻の車ではなく後続車で爆発した。二番目のやつが拳銃を撃って、それが皇太子夫妻に命中して二人とも亡くなってしまったんです。あのとき予定どおり式典に向かっていれば、第一次世界大戦は起きなかったかもしれません。

あるいはロシア。ロシア政府は一九九三年九月二一日に、段階的憲法改革に関する大統領令第一四〇〇号というものを出して、既存の議会を廃止して新しい憲法を制定することにしました。こうなった理由は簡単です。その一週間前にルスラン・ハズブラートフという国会議長がテレビに出て、「エリツィンのやつは、いつもこれで政策を決めているからな」といって、首を指で弾くしぐさをした。これはロシアのジェスチャーで、ウオトカを飲んでへろへろに酔っぱらったことを意味します。これを見たエリツィンが激昂して、議会を解散してやると決めた。もしあのときハズブラートフがテレビの前であのジャスチャーをしなければ、ロシア最高会議ビル（ホワイトハウス）を大砲で撃つということもなかったし、その後のチェチェン紛争も起きませんでした。そうすればプーチンは出てこなかったでしょう。

では今回のアラブの春から「イスラム国」が出てくるまでの、点と線をつなぐ事件は何だったか。他の人がどう見ているか知らないけれど、私はこう見ています。二〇一〇年一二月一七日、チュニジア中部のシディブジッドという都市で起きた事件が始まりだと。

この街にモハメド・ブアジジという二六歳の露天商の青年がいました。彼は野菜と果物を路上販売して生計を立てていた。そこに役人が来て、「おまえは路上販売の許可証がないだろう」と言って、秤と野菜と果物を持っていってしまった。それでブアジジは市役所に行って、「野菜と果物はいいから秤だけは返してくれ、秤がないと仕事ができなくなる」と頼みました。しかし追い返されてしまう。また行っても追い返される。三回目に行ったときに、「秤を返してほしければ金を出せ」と賄賂を要求され、ぶん殴られた。そこでブアジジは頭に来たんです。それで、その日の午前一一時半頃、彼は市役所の前でガソリンをかぶって焼身自殺した。

その知らせを聞いたブアジジの従兄弟のアリ・ブアジジがそこに来て、その現場をスマートフォンの動画で撮り、その動画をフェイスブックに上げた。その上げた動画をアルジャジーラが取り上げたので、民衆の怒りが爆発してしまった。そしてチュニジア全土で抗議活動が起きたのです。

みんな、そんなものはすぐ収まると思っていました。ところが全然収まらず、収拾がつかなくなった。その結果、二〇一一年一月一四日、チュニジアの独裁者であったベン・アリ大統領がサウジアラビアに逃亡します。これがいわゆるジャスミン革命で、その後のアラブの春の出発点になりました。

横暴な地方の役人が力のない青年をぶん殴るとか、物をとるとか、それに抗議して自殺するというのは、実はチュニジアだけでなく他のアラブ諸国でも、そんなに珍しい話ではありません。

ではなぜこのブアジジの自殺が、ベン・アリ政権を崩壊させるほどのインパクトを持ったのかといえば、スマートフォンで瞬時に情報が伝達できるようになったからです。その意味においてはポストモダン的な情報の流通がなければ起きなかったことです。しかし、それだけではなく、アルジャジーラがこの事件を放送しなければ起きなかったでしょう。なぜならタブレットやスマートフォンを持っているのは相対的な富裕層だけだから。それにインターネットでは基本的に文字で情報を伝達しますから、字が読めることが前提です。識字率が低い国においては、依然テレビの影響力が大きい。だからアルジャジーラでその動画を映したということがすごく大きかったわけです。

いずれにせよ、衛星やSNSなどポストモダン的な情報空間の出現によって、旧来型の厳しい情報統制を行っているシリアやイランやサウジアラビアのような国でも、こういった情報伝達を国家が阻止することはできなくなりました。その結果、石を投げればどこでも波紋が広がるようなことになります。ですから別にチュニジアで起きなくても、エジプトでもあるいはリビアでも、似たようなことが起きればそうなる可能性があったわけです。

私も当時いろんな情報機関の専門家や中東の専門家と意見交換をしましたが、今になって振り返ってみると、誰一人としてエジプトのムバラク政権が崩壊することを予測した人はいませんでした。「この状況下でもエジプトのムバラク政権だけはもつだろう」というのが、CIAもモサドもイギリスのSISも含めた全部の共通見解でした。しかしムバラク政権は崩壊したのです。

モロッコという例外

私たちは政権が崩壊したところにばかり注目してしまいますが、壊れなかった国もあります。たとえばモロッコのムハンマド六世という王様は、チュニジアの様子を見て、アラブの春と同じことがモロッコでも起きると予測した。そして国王権限を自発的に縮小しました。国王の発意で国王の権限を縮小した代わりに議会の権限を拡大し、議院内閣制のような制度に変えてしまった。その結果、民衆の反応が割れるようになります。やはり「国王を倒せ」という勢力も強まったけれど、「やっぱり国王はわれわれの代表だ」と考える国民も出てきて、事態は沈静化に向かいました。これはベネディクト・アンダーソンが『想像の共同体』の中で言うオフィシャルナショナリズム（公定ナショナリズム）、上からのナショナリズムというやり方です。

なぜこの話をするかというと、地政学的状況は同じなのに、なぜ壊れずにもつ国があって、もたない国があるかを考えてほしいからです。アラブの混乱イコール地政学と結びつけてはいけないということです。

それにしてもこのムハンマド六世は、なぜ自らこのような改革をすることができたのでしょうか。これは私の考えですが、彼がまだ若かったからだと思います。ムハンマド六世は一九六三年生まれで、事件が起きた当時は五〇歳ぐらい。まだ柔軟性がありました。他のアラブ諸国はみんな長老支配ですから指導者は七〇代後半以上で、柔軟性に欠けていた。

モロッコの例は、独裁型の王政でも、柔軟な独裁者が自発的に独裁権力を放棄すれば、生き残ることもできるという例です。きちんと研究すれば、北朝鮮の独裁体制の軟着陸を考えるとき意外と役に立つかもしれません。

民族が形成されている国、されていない国

さて、モロッコのすぐそばにあるリビアの状況は、いま、どうなっていると思いますか？状況はカダフィ体制が崩壊しただけにとどまりません。どうなったかというと、政府が二つあります。東と西に二つです。でもそれはまだいいんです。とりあえず部族を単位とした政府ですから。

ニジェール、チャドとの国境に近い南のほうはどうなっているでしょうか。文字どおりの無法地帯です。誰も統治していない。力のある者が弱い者を殺し、それによって生き残っていくという世界です。

ではここで、みんなで考えてみましょう。アラブの春によって体制を維持できた国家と、崩壊してしまった国家とではどういう違いがあったのか。地政学的な状況はほぼ一緒でしょ

う。リビアだって山はあるし、シリアだって山はあるし、イエメンだって山はある。

私はこう思います。ネーション、民族の形成度合いの違いです。崩壊してしまったアラブ諸国のほとんどにおいては、民族が形成できていませんでした。「民族が形成できているかどうか」という考え方の補助線を引くと、「イスラム国」をめぐるシリアとイラクの混乱がよく見えてくると思います。地政学的な見方が重要なのはなぜかといえば、この違いは地政学から起きているのか、そうでないのかがわかるからです。

たとえばロシアは、ヨーロッパと共通の言葉を見出すことがなかなかできません。なぜロシアが力の政策によってウクライナに緩衝地帯をつくろうとするかということは、ロシアの地政学的な要因によって相当程度説明できるわけです。あとの細かいことは付随要因になります。

ところがアラブの春の混乱はそうではありません。マッキンダーの理屈によれば、中東地域がいつも混乱しているのは、サハラ以南の砂漠地帯とユーラシアという二つのハートランドをつなぐ交流の場所にあり、いろんな勢力が行き来するから変動しやすいんだということになります。一見それで説明がつくように見えるけれど、それじゃあ、なぜイスラエルが安定しているのか、なぜイランが安定しているのか、なぜトルコが安定しているのか、なぜモロッコが安定しているのか。地政学の要因だけで説明することはできません。むしろ混乱しない要因が何なのかを考えないといけないということになります。その意味においては、今度は地政学の「政」のほうの要素、政治民族の要素のほうを見なければいけないということになります。

国旗・国歌が制定されても民族は形成されない

第一次世界大戦中の一九一六年に締結されたサイクス・ピコ協定によって、現在のシリアとイラクは国家としての器ができました。レバノンもそうだし、イスラエルもそうです。しかしイラクとシリアの民族概念の形成は不十分でした。

もちろん、イラクのサダム・フセインやシリアのハーフィズ・アサドは、上から「イラク人」「シリア人」という民族を形成する努力をしました。さらにイラク人、シリア人とは別に、アラブ人という民族もアラブ連合をつくって、エジプト、シリア、イラク、さらにイエメンも加える形で、「アラブ人」という民族をつくろうという努力をした。でもまったく不十分でした。

今はもうイラク人もシリア人も、民族という意識をほとんど持っていません。しかしサダム・フセイン時代のイラク人には、自分たちはイラク人だという意識がありました。

たとえばイラクには副首相兼外務大臣のアジズという人がいたでしょう。死刑になった人ですが、彼の宗教は何だったでしょう？　ネストリウス派のキリスト教です。イラクのサダム・フセインの右腕、ナンバー2はキリスト教徒だったわけです。その意味において当時のイラクは宗教政治をとった国家ではなく、ネーションステート（国民国家）もどきの世俗主義の集団でした。

シリア人という意識は、ハーフィズ・アサドの下でも、バッシャール・アサドの下でも、一定はありました。しかしそれは部族意識や、スンナ派、シーア派、アレヴィー派、あるいはキリスト教徒であるという宗教的帰属意識よりも強くなることはなかったのです。

ここで考えなければいけないのは、国旗や国歌を制定したからといって民族が生まれるわけではないということです。独立から数世紀かけて民族を形成する努力を、イラクとシリアの政治エリートは怠ったのです。民族を形成する上で決定的に重要なのは教育です。民族語で自分たちの教科書をつくり、自分たちの民族から見た場合の歴史はどうなのか、地理はどうなのかを学ぶ。あるいは偉人伝などをたくさんつくって読み継がれるようにする。それによって「われわれは○○人だ」という意識をつくり、常にそれを維持するためのメインテナンスをしつづけなければいけない。それをせずに伝統的なイスラムの教育などに任せていたら、それは普遍主義に流されてしまいます。ですからシリアやイラクやレバノンやリビアでは、民族概念がほとんど育ちませんでした。

でもわれわれは、シリアやリビア、イラクなどの民族と国家は限りなく一致しているだろう、ネーションステートだろうという目で見ています。ネーションステートというのはヨーロッパで成立したフィクションではありますが、いまの国連の主権国家もこのネーションステートが原則となっています。

中東の人々もわれわれと同じネーションステートのはずだという目で見ていると、彼らの行動は理解不能でしょう。アラブ諸国ではプレモダン的な伝統社会が保全されています。国家や国民としての意識よりも、どういうふうに血がつながっているか、同じ一族の出身か、そうでないのかという部族や血縁関係における掟が依然として重要な行動規範になっています。

母語で教育することの重要性

では今度は逆のほうから見てみましょう。中東で民族の形成に成功したところはどこでしょうか？　これはイスラエルです。

イスラエルは一九四九年に建国された時点では、シリアやレバノンと同様、国家の枠組みはあるけれど、イスラエル人という民族意識はありませんでした。ヨーロッパ、ロシア、アフリカ、アメリカ、中東からイスラエルに移住してきた人たちは、みんな違うアイデンティティを持っていました。話す言葉だって、東欧から来た人たちはイーディッシュ語というドイツ語のような言葉を話し、文字はヘブライ文字を用いていました。中東から来た人たちはアラビア語を話したし、アメリカやイギリスから来た人は英語を話した。みんなバラバラで、強いて言うならば「ユダヤ教となんらかの形で結びついているユダヤ人」というのが共通のアイデンティティだったわけです。

現在のイスラエル人にも、ユダヤ教徒としてのアイデンティティを持っている人はいます。しかし自分は無神論者だと公言している人も多い。イスラエルにおけるイスラエル人の第一義的なアイデンティティは、イスラエル人という民族にあります。ユダヤ教ですら、いまやイスラエル人の民族意識の中核ではないのです。

だからイスラエルの行動を分析するのはそれほど難しくありません。ヨーロッパやアメリカ、あるいは日本のように、ネーションステート的な行動をとるからです。国内でどんなに激しい意見の対立や抗争があっても、いざ外国と戦争ということになった場合は、われわれはイスラエル人だからイスラエルを守ろうと一致団結する。ここまで民族を形成することができたのは、わずか七〇年にも満たない間の教育の産物です。誰も話さず、宗教でしか使っていなかったヘブライ語を公用語にして学校教育をしたからです。本当は科学だって数学だって、英語で講義をしたほうが楽です。子どもたちが将来国際的に活躍するためにも、そのほうがいいでしょう。現にシンガポールやフィリピンなどは英語で授業をしています。

しかしこのようなやり方では民族意識がきちんと育ちません。その点、イスラエルはすべてヘブライ語で教育します。インターネットのEメールだって、極力ヘブライ語を使おうという方針を政府が示しています。本当はＩＴを自由に駆使するような人たちは英語をネイティブに近いぐらい使えますが、あえてヘブライ語でやりとりしています。これは民族を維持するために必要なメインテナンスだからです。

日本ではいま、グローバル化に乗り遅れないために、会社のなかでは英語を公用語にするとか、さらには学校教育を英語で行うとかいう動きが起きています。これが本格化すれば、おそらく日本人としてのアイデンティティが弱くなってくるでしょう。その結果、日本語で吸収できる緻密な情報力は非常に弱くなり、英語を公用語にした会社や学校は一〇年ぐらいで競争から脱落すると思います。

われわれは徹底して日本語で教育をすればいいんです。いざ仕事で英語が必要となったら、そのときちんとした合理的なプログラムを組み、会社がお金と時間をかけてその人に必要なレベルまで英語力をつける。こういうプログラムを組めば、国際化の中での英語対応など必ずできるようになります。とくに通常の大学入試で採まれてきた経験がある人たちならば、受験勉強のやり方は知っているわけだから、まったく怖がることはありません。

日本語による情報伝達をおろそかにすることは、かえって社会の弱体化につながります。これはイスラエルとシリアの違いを見ればよくわかることです。

イランより「イスラム国」のほうがまし

さきほど私は、これからの国際情勢を読むには、ダイナミックな分析が必要だと言いました。ダイナミック（動的）ということは、対象が動いていくわけですから、こちらが分析するときの目をどこに置くか、どこで何を区分するかという分節化の基準も変化してきます。

三年前ぐらいまでは、テロを起こすのはイスラム過激派でした。イスラム過激派は、スンナ派のなかでもとくに極端な人たちです。シーア派もスンナ派も彼らを迷惑千万だと思っているという状況でした。

しかし今は違います。今はサウジアラビアやカタール、トルコは、「イスラム国」についてイランよりはずっとマシだと思っています。イランを選ぶか、「イスラム国」を選ぶかという究極の選択を迫られたら、答えは明白で、「イスラム国」を選ぶでしょう。

アメリカはいまだに、テロとの戦いにおける多国籍連合をつくって「イスラム国」を完全に潰すことができると思っているけれど、それは大きな間違いです。それはイランも封じ込めるという条件がついて、初めて可能なシナリオです。多国籍連合がイランと提携して、イランの影響がアラビア半島に伸びてくる可能性があるかぎり、スンナ派の連中は全員が「イスラム国」支持に向かうでしょう。

いつこのように変わったかというと、二〇一〇年の末頃だと私は見ています。そのときから「イスラム国」は宗派的な姿勢、すなわち反シーア派的性格を強く示すようになりました。ということは、イスラム過激派の「イスラム国」に対して、穏健派のスンナ派とシーア派が対峙しているという枠組みが成り立たなくなります。サウジアラビアやカタールなどのスンナ派諸国からすれば、「イスラム国」よりイランのほうが脅威です。「イスラム国」を殲滅して、イラクとシリアをイランが席巻するような事態になるよりも、「イスラム国」が地域勢力として残ったほうがましというのがサウジアラビア、トルコの本音です。

しかしそれだからといって、イランと対抗するためにサウジアラビアと「イスラム国」が共闘するということにはなりません。「イスラム国」は本気でサウジの王政を倒そうとしています。だから、その意味においてはサウジにとっての脅威です。しかし圧倒的に強いのはイランですから、その観点から「イスラム国」のほうがまだましだ、となるわけです。

今言ったようにサウジアラビアは「イスラム国」と戦っています。イランも「イスラム国」と戦っています。そうするとわれわれのように普通の外交戦略論をやっている人間は、「敵の敵は味方だ」という論理が働きます。だからサウジアラビアとイランは、なんやかんや喧嘩していたって、対「イスラム国」、テロとの戦いという点においては提携できるのではないかと考える。しかしそれは幻想です。このことは、イランがイエメンのフーシー派というシーア派系の部族の武装組織を本格的に支援して、サウジアラビアの体制を根っこからひっくり返そうとしているという事実を見ても明白です。

ちなみにイエメンというのは、小さい国なのに、人口はサウジアラビアと同じぐらいあります。人口が多いゆえに、サウジアラビアやカタールやクウェートなどあっちこっちに労働者として移民に行っています。イエメンはいまだに部族社会で、部族のネットワークはかっちりできていますから、仮にある部族が、じゃあ戦おうと言ったら、みんなどこの国にいようと部族のために戦うでしょう。だから、すごく面倒くさいのです。

中東では敵と味方が複雑に入り組んでいます。しかもその組み合わせが頻繁に変わる。イランはレバノンのシーア派民兵組織のヒズボラを応援しています。これはイスラエルにとって脅威です。国境地帯でカチューシャ砲を撃ってきたりしますから。

そしてイランはシリアのアサド政権を支持しています。イランの狙いはアサド政権を支持して、アサド政権が握っているシリアの北部から、まっすぐ行くとレバノンにつながる一帯に、シーア派のベルトをつくることです。それによって北側のイスラム世界を完全に抑えて、そこから一気に南に入っていくことを考えている。そのときは「まとめてイスラエルも潰しちゃえ」ということになるでしょう。だから、このシーア派ベルトができることをイスラエルはすごく警戒しています。

でも、今の状況において、実はイスラエルはアサド政権に生き残ってほしいと思っています。なぜか？　過去に四回戦争をしているから、アサド政権はイスラエルの強さをよくわかっています。だから今、イスラエルはシリアのゴラン高原を占領しているけれど、それを奪還しようなんて余計なことは絶対にしません。そういうことをしたら、ダマスカスは二時間ぐらいでイスラエルの手に落ちることがわかっているからです。お互いに手の内をわかりきった敵であって、非常に安定した関係なので、アサド政権が残ってくれたほうがいいんです。むしろアサド政権がつぶれて大混乱になるほうが困る。ただし、イランがアサド政権にテコ入れしすぎて、レバノンまでくっついて、この地域にイランが自由に出入りできるようになっても困る。

ロシアもアサドを支持しています。そうすると、お互いに連携しているわけではないけれど、アサド支持ということでは、シリア問題に関してロシアもイランもイスラエルも同じ陣営です。しかし、そうだからといってパレスチナ問題とか、ウクライナ問題とか、他の問題でこの三国が共同歩調をとることは絶対にありません。それだから、ものすごく事態が複雑になっているのです。

金次第で動くスーダン

それよりもっと面倒なのはスーダンです。スーダンの北のほうはイスラム教徒、南のほうはキリスト教徒です。南では石油がたくさん採れるので、中国が石油開発をしていました。そうしたらスーダンの石油は中国のものになる。それと同時にオイルマネーがイスラム過激派に流れる可能性もある。それをアメリカは心配して、南スーダンという国を第一次オバマ政権のときに独立させました。あれはだからアメリカがつくった満州国なのです。だから南スーダンは豊かです。その結果、どういうふうになったでしょうか？　北スーダンは何もなく、ペンペン草が生えるような状態になっています。だから今、北スーダンは傭兵を派遣することでメシを食っています。

一昨年（二〇一四年）、パレスチナ自治政府のガザ地区を握っているハマスとイスラエルの間で、本格的な戦闘が起きました。イスラエルはガザに入っていって地上戦を行った。あのときガザに兵器を運んだのはスーダンの船です。お金はイランが出し、武器もイランが調達した。スーダンはイランに頼まれて傭兵の仕事をしていたのです。

ところが去年（二〇一五年）、イランがイエメンのフーシー派にテコ入れをして、サウジアラビアとの間で国境紛争が起きた。すると今度はサウジアラビアが札束でスーダンの政府を買収したんです。この戦争でスーダンはサウジアラビア側に立って、イランと戦っています。今年（二〇一六年）一月にサウジとイランが国交断絶をしたときには、サウジに連携して、イランとの国交を断絶しました。相当金をもらったと思います。スーダンは、金次第で国交断絶するような国になってしまった。もしアメリカが南スーダンを独立させなければ、スーダンはそんな国にならなかったでしょう。

日本でテロが起きる可能性

さて「イスラム国」というと、皆さん、「怖い」というイメージがあるでしょう。しかしそのイメージは過大評価です。

「イスラム国」はＳＮＳを多用したりして、プロパガンダ能力には高いものがあります。しかし軍事力、経済力については大した力はありません。「イスラム国」のピークはもうとっくに過ぎています。

第三講で言ったように、二〇一四年末以降は、軍事的にも政治戦略的にも守勢に回っています。二〇一五年一一月一三日に起きたパリの連続テロ事件は、追い詰められたＩＳが目先を変えるために行ったと見るのが私は妥当だと思っています。

だから「イスラム国」は目先を変えるため、今後もテロの国際化によって窮地を脱しようとするでしょう。中国、日本、ブラジル、アルゼンチンなどは国際的に注目される国家だから、テロが起きても全然おかしくないでしょう。

じゃあテロ対策はどうしたらいいか。日本で最もテロの起きる可能性がある場所は新幹線の車内です。なぜかというと、テロリストは先例を調べて参考にするから。

二〇一五年六月、精神に若干変調をきたした高齢者が、東海道新幹線のぞみ号の車内にガソリンを撒いて火をつけ、本人と巻き添えを食った女性一人が死んだでしょう。あれは一両目の最前列付近で火をつけたから、あの程度で済みました。もしガソリンを気化させて、一両目と二両目の間で火をつけたら爆発します。もしトンネルの中を通過中に車両が停止してしまったら、窒息者が相当出ていたかもしれません。

そうかといって駅の警備を空港と同じレベルに厳重にするのも現実的ではありません。新幹線は切符を買ってすぐ飛び込めるのが利点です。飛行機と違って発車の一〇分前でも切符は買える。名前も登録しないでいい。その利便性があるからみんな新幹線を使っているわけです。仮に新幹線の一六車両分に乗る人とその荷物をすべてチェックすることになれば、各駅に出発の三時間前に来てくれということになる。そうしたら新幹線の利便性はなくなってしまいます。これはテロが起きるリスクと利便性との兼ね合いの問題です。

ふつう、リスクはこういうふうに計算します。何か危険なことが起きるリスクがあるとしても、それが起きる可能性が、道を歩いていて突然レンガが頭に当たって死ぬリスクよりも低ければ、それはリスクではないとするのです。まさに原発事故は、そういうリスク計算でリスクが低いと判断していて、起きてしまったことです。確かに想定外の高さの津波で原発事故が起きる確率は、普通に道を歩いていたらレンガが落ちてきて死ぬ確率より低い。ところがいったん起きてしまったら、あれだけの大ごとになるわけですが。

テロについて心配するよりも、今日この教室から帰るときに交通事故に巻き込まれることを心配したほうがリスク管理としては正しいし、今後、将来においてテロに巻き込まれることを考えるよりは、風呂で足を滑らせて溺れ死なないようにしたほうがリスク管理としては正しい。ただし、テロはテロに巻き込まれた場合の恐ろしさをネット空間を使って拡散し、しかもそれを旧来型のマスメディア、テレビやラジオが扱うから、プリズムで実体よりもその可能性を大きく見せることができる。だから皮膚感覚としての恐怖は非常に高くなります。そこにテロリストはつけこむわけです。

裏返せば、テロの起こる可能性は、他のリスクと比べればかなり低いし、テロが起きてもテロリストの要求を聞かなければいいだけのことです。それからテロはだいたい自爆型ですから実行犯を捕まえることはできないけれど、テロを支援した者やテロに関与した者を、乱暴なことではありますが、みんな殺してしまうことで根絶やしにすることもできる。これがヨーロッパの国はうまい。なぜでしょうか？　死刑制度がないからです。死刑制度がない国では、犯罪が行われた現場ですぐに犯人を殺してしまいます。裁判にかけて終身刑で置いておくと、刑務所の中で仲間をつくったりする。そうなると面倒くさいから、「向こうが抵抗したから」などと言って現場で殺してしまうんです。私は死刑反対論者にいつも言うのですが、いくつかの犯罪については死刑制度を残しておかないと、国家が超法規的な処刑をすることがあるので、かえって危ないのです。

ですからテロリストの要求に耳を貸さず、関係者を問答無用で全部殺すというやり方をしていれば、それほど時間がかからぬうちにテロはなくなります。なぜそう言い切れるかといえば、テロは精神に変調をきたした人間がやっていることではありません。また、宗教的な熱狂から行っていることでもない。明確な政治目的があってしていることです。その政治目的がテロによって達成されないということになれば、やがてやめる。だからテロとの戦いは、その意味では全然難しくありません。その代わりリスクはあります。しかし日本は帝国主義国で世界中に進出しているわけだから、そのリスクを背負うのは当然のことなのです。

だから注意しないといけないのは、とくに日本のリベラル派の人に向けて言うけれど、当事者性を無視してはいけないということです。われわれが今、安全で豊かな生活を送ることができているのは、「イスラム国」の側からするならば、日本が「イスラム国」の領域を侵害する異教徒に加担しているからだということになります。この当事者性を抜きにした議論は、現実の問題に対する実効性がまったくありません。

サウジアラビアが今後の震源地に

さて、「イスラム国」の台頭によってシリアは破綻国家になってしまいました。そのことがサウジアラビアに影響を与えています。サウジはシリアで発生した権力の空白をイランが埋めることを、本当に恐れています。そうすると「イスラム国」よりも、サウジアラビアが今後の国際情勢の攪乱要因です。中東は政治、軍事、経済だけでなく、さらにエネルギー危機というリスクも抱えていますが、それはサウジが震源地になる可能性が高いでしょう。

　原油価格は国際的に低迷しているにもかかわらず、サウジアラビアは原油の減産に消極的です。そこにおいてサウジが原油の原産国としてのシェア確保を重視しているということです。サウジアラビアは財政危機だと言われるものの、イエメンと同程度の人口しかいないし、原油価格が一バレル三〇から四〇ドルぐらいであればまったく問題ありません。

　サウジは、国際オイルマーケットで主導的役割を演じ続けることが国益だと思っています。それは具体的にどういうことかといえば、前回も言ったように、原油価格をコントロールすることでアメリカがシェールガスの開発を躊躇するのが狙いです。それからあともう一つは、イランでも石油は採れるけれど、サウジと比べれば採掘に金がかかる。それだから原油を安値にしておくことによってイランの儲けを減らせる。そうするとイランの技術革新も、ひいてはイランの核開発や弾道ミサイル開発も遅れるから、それを狙っているわけです。

　サウジアラビアから見ると、アメリカの行動はサウジに敵対していると映ります。アメリカのオバマ政権は、二〇一四年からシリア、「イスラム国」の問題をめぐってイランに接近しました。その理由は、イランは本気で「イスラム国」と戦ってくれるから。その結果、ただでさえ複雑な状況は一層複雑になりました。アメリカはシリアのアサド政権を解体して、アメリカが望むような政権を構築しようと考えた。そのために「イスラム国」と戦うという共通目的で、アメリカとイランは手を握ることができる。そうすればイランもアサド政権の解体に協力するだろうという、まったく間違った見通しを持ったのです。イランはアメリカよりもかなり賢いから、アメリカの譲歩はアメリカの弱さだときちんと見抜き、シーア派の影響力拡大を始めた。そのためアメリカは、シリアにおけるキープレーヤーの役割を失ってしまいました。国際政治は空白を嫌います。アメリカの影響力低下によってシリアに生じかけていた空白を、いまロシアが埋めているわけです。

アメリカは、いまだにシーア派をイラクでアメリカの影響力を保全するためのカードとして使えると思っています。その結果何が起きているか。旧サダム・フセイン政権は世俗政権だけど、スンナ派が基盤でした。そのサダム政権のときの将校が、今、「イスラム国」の野戦司令官になっています。そういう意味では、ますます事態は深刻になってしまっているのです。もっとも、「イスラム国」自体の力は知れたものですが。

さらに複雑な要因をつくり出しているのが、トルコのエルドアン大統領です。彼は個人的な野心が強く、イスラム主義者であるとともに、オスマン帝国を復活させようということも考えている人物です。エルドアンの世界観からすれば、一〇〇年前まではアラビア半島から北アフリカまで全部オスマン帝国の属領だったわけだから、別にトルコの影響下に入るのが当たり前だろうということになります。それだからエルドアンは今、「トルコはヨーロッパと中東の架け橋になりますよ」ということを強調しているけれど、そういう形でヨーロッパを味方につけてアラビア半島をトルコの影響下に収めようとしているわけです。

イランはこういう状況の中においても、核保有国になるという戦略を改めていません。去年（二〇一五年）の七月一四日にイランの核問題に関する協定が成立して、イランの核開発研究の継続は認められましたから、中東においては無視できない地域大国になりました。おそらくアラブ諸国やイスラエル、トルコに対抗する抑止力という意味合いで、イランは数年以内に核を持つでしょう。もうアメリカはそれを阻止することはできません。こういう状況になっています。

最低でもこのあたりのことは押さえておかないと、今の国際情勢は読めないでしょう。ここを押さえておかないから、ホルムズ海峡に海上自衛隊を派遣するというような国際政治の構造から外れたトンチンカンな発言が出てくるわけです。

イランの核が動き出したらいくつかの玉突きが起きるでしょうが、それは阻止できません。議論の過程は飛ばしますが、その玉突きの結果、最も深刻なことが起きるのは、北朝鮮ではなく、韓国の核開発です。韓国は本気で核開発に乗り出す可能性があります。そうなると東アジアの地政学的な状況は全部変わってしまう。日本の外交も非常に深刻な局面を迎えるでしょう。

ロシア正教とカトリックの和解

中東の見通しのところでだいぶ時間がかかってしまったので、正教会の話をうんと短く話します。今年（二〇一六年）の二月一二日、ロシア正教会の最高責任者であるキリル総主教と、カトリック教会の最高責任者のフランシスコ教皇が、キューバのハバナで会いました。両者はそこまで会うことをかたくなに拒んでいたわけです。これはどういうことかというと、乱暴な喩えを使えば、山口組と神戸山口組が分裂したようなものです。

キリスト教の世界では、一〇五四年に、それまで一つだったキリスト教が、東のキリスト教と西のキリスト教に割れてしまいました。もっともその手打ち式が、一九六四年に一度行われており、コンスタンチノポリスの世界総主教のアシナゴラスという人と、パウルス六世という当時のローマ教皇の二人が和解しています。

しかしカトリック教会と正教会では組織のつくりが違います。カトリック教会は銀行の本店と支店の関係ですが、正教会はのれん分け方式です。のれん分けされたあとは独立だから、本家の方針に従う必要はありません。だから一九六四年に世界総主教のアシナゴラスと当時のローマ教皇のパウルス六世が、「一〇五四年の相互破門は解こう」と同意して関係改善をしても、のれん分けをしたモスクワの正教会は、「いやです。もともとの本家が手を打ったって、うちは分家です。分家には分家の立場がある。言うことは聞きたくない」といって、ずっと喧嘩したままでした。それが今回、手を打ったわけです。

たとえば神戸山口組と山口組が手打ちをするとしましょう。神戸で手打ち式ができるでしょうか？　神戸で手打ち式をするということは、神戸を本拠地とする今の六代目山口組の勝ちということになります。じゃあ、淡路島で手打ち式ができるでしょうか？　できません。淡路島は神戸山口組の本部があるからです。じゃあ、名古屋なら手打ちができるか？　できません。六代目を出した弘道会があるからです。

それでは、どこで手打ち式をすればいいでしょうか。神戸山口組でも山口組でもない組が仕切っている別のシマになります。

そもそもヤクザには二通りの系譜があります。まず、山口組のようなバクチ打ちの系譜。これは縄張りを持っています。それに対してテキヤの系譜。住吉連合や稲川会などの系統です。これは庭場を持っています。この二つは本来、「稼業違い」といって、場所が重なっていても抗争は起こさないという建前になっています。いま、その境界線は曖昧になっていますが、本来であれば稼業違いだからお互い挨拶もしないでいい。

その意味において、キューバはいまだに共産主義国ですからいわば稼業違いです。カトリックでも正教でもない。しかもラウル・カストロは無神論者でしょう。それを今回立会人にして、ローマ教皇とモスクワ総主教が手打ちをしているわけです。

聖霊がどこから発出するか

では何について手打ちをしたのか？　ウクライナ問題です。西ウクライナにユニエイト教会という教会があります。これは直訳すると「統一教会」になるけれど、統一教会というと日本語で独特のニュアンスがあるでしょう。それだから、「帰一教会」とか「東方典礼カトリック教会」といいます。

一六世紀、一五一七年にルターの宗教改革があり、ポーランドとチェコとハンガリーでは一時期プロテスタントが勝利しました。これじゃあまずいということで、トリエントの公会議をカトリックは行って、イグナチウス・ロヨラとフランシスコ・ザビエルという二人の傑出した指導者によってイエズス会という軍隊型の新しい修道会がつくられた。教会が精鋭部隊を持ったんです。それによってプロテスタントをやっつける戦争をした。

ポーランドもチェコもハンガリーも、完全にイエズス会が席巻しました。ところがイエズス会の軍隊は強いから、ロシア正教の世界にまで入ってきてしまった。すでにカトリック教会と正教会は、一〇五四年に相互破門して、カトリックには絶対ならないよ、ということになった。しかも長年離れていたために、同じキリスト教でもロシア正教は聖画像とイコンをつくり、それに香を焚いて崇敬するという独自の儀式を行っています。

それからカトリックの場合、神父は独身でしょう。正教会の神父はキャリア組とノンキャリア組に分かれます。キャリア組は黒司祭といって黒い服を着ていて独身でないといけない。ノンキャリア組は白司祭といって白い服を着ていて結婚できる。このノンキャリア組のトップと、キャリア組の一番下が同じランクです。だから霞が関のキャリア・ノンキャリアシステムと同じようなシステムで、権力のバランスをとっているわけです。

イエズス会は結局、このままでは誰もカトリックに改宗しないので、「帰一教会」という特別のカトリック教会をつくりました。「儀式は今のままでいいです。下級の聖職者は結婚もしてかまいません。服も正教会の服のままでかまいません。その代わり二つのことだけ認めてください」と譲歩したうえで条件を出した。

一つはローマ教皇が一番偉いという「教皇の首位権」を認めること。二つ目は「父と子からの聖霊の発出（フィリオクェ）」という立場を認めることです。これは何かというと、正教会では聖霊は父から発出するということになっています。それがカトリックでは、聖霊は父及び子から発出するのです。この立場を認めてくれということです。これは些末な神学論争のように見えるけれども、組織論でもあります。

つまり聖霊の力によって人は救われる。ロシア正教では、聖霊は父から人間のもとにストレートに降りてくることになっています。これならキリスト教徒ではない者や、キリスト教を知らない人でも、あるいは日本人のわれわれでも聖霊の力によって救われる可能性があります。

ところがカトリック教会では、父と子から聖霊が出るという立場です。でも父を知ることは子であるキリストを通じることでしかできません。子（キリスト）はもう死んでいます。一回復活して戻ってきたけれど、「私はすぐに来る」と言い残して、また天に上がっていってしまった。じゃあ子がいない間、子の役割は誰が果たすのか？　それは教会です。カトリックの理解では聖霊は子を通して出るから、子のいない今、教会という組織に入っていない人間は救われません。カトリック教会という組織に所属している人間以外は救われないという理屈になります。

それに対して正教会は、誰が救われるか救われないかはわからないし、教会がおかしいと思ったら行かなくてもかまわない。キリスト教を知らない人だって救われるかもしれないという発想になります。それではカトリックは困るから、教会という組織が絶対に正しいんだということにするためには、子からも聖霊が出ると認めてもらわないといけない。子からも聖霊が発出することを、業界用語でフィリオクェ（Filioque）といいます。フィリオは「子」、クェは「アンド」という意味です。

カトリックが正教会にそういう申し入れをしたところ、ベラルーシの西のほうのロシア正教徒やウクライナの西のほうの正教徒たちは、「今までと習慣が変わらないならいいでしょう」ということで、ローマ教皇が一番偉いということ（教皇首位権）と、フィリオクェを認めましょうということになった。

しかし形は正教でも完全に上意下達で、教会しか救いがないわけだから、教皇の命令に完全に従うしかありません。これがウクライナの民族運動と結びついています。ウクライナの民族主義はこの「帰一教会」を中心にできあがってきたものです。

第二次世界大戦中、ウクライナ人のうち約三〇万人がナチスドイツ側に協力して、ウクライナ民族軍というものをつくりソビエト政権と戦いました。もちろんユダヤ人殺しなども散々やっています。ソビエト側に加わったウクライナ人もいて、そちらは二〇〇万人。だからウクライナにとって第二次世界大戦はウクライナ人同士の殺し合いだったんです。

しかし一九四五年にこの教会の強い西ウクライナが、ソ連軍によって占領されます。翌年この教会は禁止されて、ロシア正教に合同することになります。ところがこの教会はバチカンを後ろ盾として地下活動をずっと続けた。この教会に入っていた一〇〇万人以上がカナダに移住し、いまでもエドモントン周辺に住んでいます。だからカナダでは英語、フランス語に次いでウクライナ語が話されているのです。

十字軍が再び

ペレストロイカの末期の一九八七、八八年ぐらいから、外国人も西ウクライナに行けるようになりました。そのころソ連の経済状態は悪くなって、中学校、高校の先生の一カ月の給料がわずか三ドルから五ドルでした。だからカナダに移住した民族運動をやっている人たちが、みんな二〇〇ドル、三〇〇ドルとカンパする。それを資金として、ウクライナがソ連から分離する運動が起きる。

二〇一二年から、ロシアとウクライナとの関係は大変に緊張しているでしょう。それを後ろで押しているのは民族主義者の「帰一教会」のメンバーが多いです。この教会の問題があるから、ロシア正教会とカトリック教会はずっと和解できなかったのです。

今回手打ちをしたのは、この教会の問題を解決したからです。「バチカン放送局」というホームページを見ると、なぜ今まで会見ができなかったかという理由がはっきり書いてあります。

じゃあ、なぜ手打ちをしたのか？　それはイスラム教と戦う十字軍をつくるためです。そのための障害になっていたのがウクライナでの正教とカトリックというキリスト教同士の紛争だったので、それは手打ちをしようということにした。カトリックがウクライナのユニエイト教会の連中に戦いをやめろという指示を出したので、ロシアも大人の対応をとることにした。これでウクライナに関しては静かになるでしょう。

今回ローマ教皇と会ったキリルというロシアの総主教は、ＫＧＢと関係の深い人です。ソ連が崩壊して新しいロシアになったあと、ロシア愛国主義の中心となって、ロシアから外来の宗教や自由主義などの影響を排除することを強く主張しました。キリルによれば、もともとロシアにある土着のイスラム教はよいイスラム教です。それに対して中東から入ってくるイスラム教は排除しろという。キリスト教も土着の正教やプロテスタントはよい宗教です（実はロシアではプロテスタントも一六世紀からあります）。それに対して外来のカトリックやプロテスタントでもアメリカのファンダメンタリスト教団はダメ。こういう立場の人です。ロシア正教会は、明らかに体制のサブシステムで、今回はプーチンの意向を受けてキリルは動いているわけです。

このように、なぜ教会がそういう動きをするかということも、カトリックがなぜウクライナにテコ入れするかということも、少なくとも一〇〇〇年ぐらいの背景をもった話です。となると、地理ほど動かない要因ではないけれども、やはり世界宗教も相当強力なイデオロギー的な拘束力を持つ要素ということになる。だから地政学の要因に入れたほうがいい。

今回のキリスト教同士の和解の結果、イスラム世界とキリスト教世界の緊張はますます増していく方向に向かっています。このように世界を大づかみに見るとき、やはり地政学というものが非常に重要になってきます。

世界宗教化する創価学会

それではさらに日本に引き寄せてみましょう。私は日本の地政学的要因で見ないといけないことは次の二つだと思います。

一つは沖縄です。いま沖縄は分離独立などさまざまな可能性をもっていますが、こうなったのは中国との距離に関係があります。中国という巨大帝国と地理的に近すぎると、中国に近い考え方になります。沖縄と韓国はその意味でだいたい同じレベルです。すなわち、「天命が変わったら王様が代わる」という易姓革命思想がある。日本は、ある程度距離があるがゆえに中国の影響が限定的にしか入っておらず、易姓革命思想がストレートには適用されません。天の意思に反する政治が行われた場合には、王朝が交替するというのが易姓革命思想ですが、日本の場合は、同じ王朝の中で主流と非主流が入れ替わるにすぎないという限定的な権力交替が起きるのです。いっぽうでサイパンやグアム、あるいはフィリピンになると中国から遠すぎる。だから中国の影響をまったく受けておらず、別の文化圏になります。巨大帝国からの距離というのが重要なんです。

そうすると地政学的に沖縄の問題は何かといえば、中国との距離が近いということです。それがものの見方、考え方の中にいろんな影響を与えている。別の言い方でいうと、神道とも関係してくるわけです。日本では「天皇陛下がおっしゃったから」ということになれば、最終的にはだいたいの事柄が収まるでしょう。ところが沖縄では、「それがなんだ」というだけで、これは易姓革命思想の有無が関係しています。絶対に変化しない王朝というのは沖縄人の深層意識になじみません。

もう一つ日本の地政学的要因として見ないといけないのは、創価学会の動静です。そもそも、鎌倉時代にあった鎌倉仏教の中で日蓮仏法は世界宗教の方向性を持っていました。そしてその流れは今、創価学会の中で非常に強くなっている。創価学会は世界宗教化しつつあるのです。

私は日本の政局分析をする中において、沖縄と創価学会の動静だけは自分で独自に取材したり分析したりしています。それ以外は基本的に新聞の情報を読んでいるだけで十分です。しかし、沖縄と創価学会については沖縄の『琉球新報』と『沖縄タイムス』を毎日精読し、創価学会の聖教新聞を注意深く読まないといけません。聖教新聞は二〇一六年二月一日から、一カ月一七〇〇円で電子版が読めるようになりました。これは大きな変化です。今までは配達してもらわないと読めなかったので、聖教新聞を読むのはけっこう大変だったんです。

今年に入ってから池田大作氏の肩書きが変わっています。創価学会名誉会長という肩書きではなく、SGI会長になっている。SGIは創価学会インタナショナルの略です。ということは創価学会の世界宗教への方向性が、かなり可視化されてきているということになります。こういうことが地政学を見るときに非常に重要になってくる要因です。

何度も繰り返しますが、地政学的要因で一番重要な要因は地理です。とくにその中で重要なのは「山」です。これらの地政学的要因で説明できないようなことが出てきたときに、どういう文化的要因があるのかを考えること。文化的要因の中でも長いスパンで影響を与えて、地政学的な要因に限りなく近いことは何かというと、それがたとえば人種や宗教のような概念になります。こうした長いスパンで影響を与える概念と、比較的近代になってから起きた科学技術の進歩や、民族などの概念を一定程度分けて、相互に動的な分析をするというのが地政学の要です。

とりあえず時間になったのでここまでにしましょう。何か質問などありましたら喜んで受けます。

質疑応答

受講者I　イランの核についてうかがいたいのですが、『選択』という雑誌によるとサウジはすでに核を持っていると書いてあります。そのような可能性はあるのでしょうか。

佐藤　サウジが核を持っていることはたぶんないと思います。というのは、サウジとパキスタンの間には秘密協定がある。インテリジェンスの世界の人はみんなそう考えています。なぜならば、パキスタンのようなお金のない国が核開発をできたのは、サウジが全面的にお金を出したから。ただしパキスタンからサウジへの核弾頭の移転が行われるのは、イランが実際に核を保有したときでしょう。だから今この時点において仮に核移転がサウジに起きるとしたら、サウジだけにとどまりません。アブドゥル・カディール・カーン博士が構築した核の闇市場があるから、そうするとすぐにクウェートやオマーンなど全体に波及するでしょう。だからサウジだけが核を持つということはありません。それはすぐに連鎖が起きるからです。その『選択』の記事は、情勢をよくわかっていない人が書いたのだと思います。

受講者2　今日初めてお聴きして、とても印象に残ったのが、日本語による情報伝達がちゃんとできるように、教育を疎かにしてはいけないということでした。ちょっと話が違ってしまうかもしれませんが、いま若い子たちが自分たちにしか通じない言葉をつくったりして、どんどん日本語を変えています。日本語自体、元々外来語をカタカナ言葉として取り入れたり、すごく動いていたと思いますが、とくにそれが今、顕著になっているのではないか。そういうことについてどうお考えになりますか。あと、日本語という言葉は非常に情緒的な言葉だと思うんですけれども、そういうことについてもどういうふうに考えているのか、ちょっとお聞かせいただけましたら。

佐藤　まず後者から言うと、日本語は必ずしも情緒的な言葉ではありません。英語もロシア語も、情緒的な表現もできれば、論理的な表現もできる言語です。日本語も論理的な表現もできれば、情緒的な表現もできるわけです。それだから大学入試問題を見ると、そのうちの九八％までが情緒的な文章ではなく、論理的な文章です。どうしてか？　情緒的な文章は採点できないからです。それから役所で使われている文章は、一〇〇％論理的な文章であって、情緒的な文章はありません。情緒的な文章だと何を言っているかわからないので、政策遂行ができないからです。だから、公的な空間で使われている言語はほとんどが論理的な言語です。

日本語力が弱くなるときは、必ず数学力が弱くなります。言語的な論理と非言語的な論理は相関関係にあるからです。だから数学の力が弱くなっている社会においては、曖昧な言葉をしゃべる人間が増えてきます。これは明らかです。だから算数・数学と国語の教育、とくに論理的な文章の教育は、きちんと行わなければなりません。

それから若者言葉とか、一部の人間たちの間だけで通じるジャーゴンは、実は昔からあるし、今もあるし、今後もあるでしょう。それより重要なのは、高い文化の中での言語です。すなわち新聞や雑誌で使う言語、あるいは公の教育で使う言語です。これを簡素化させるということになると、教育の水準は著しく落ちるでしょう。だから教育で使っている言語の水準が下がらない限りにおいては、言語問題はそれほど心配する必要はありません。

受講者3　話が戻って恐縮ですが、イスラエルの今のＩＳ問題に対するスタンスというのが、なかなか理解しにくいというか、よくわからないんですけれども。どういったスタンスにいるんでしょうか。

佐藤　イスラエルはＩＳに関心がないのだと思います。むしろ、イスラエルにとってＩＳの問題は、それよりももっと大きい、シーア派とスンナ派の対立の引き金となった意味合いがあった。ＩＳ自体が今後どういう行動をとるかということについてイスラエルはあまり関心を持っていません。イスラエルの関心は、サウジとイランに集中していると思います。それから近いところでは、シリアのアサド政権が維持されるかどうかが最大の関心事項です。

イスラエルは徹底したリアリズムをとっています。「イスラム国」がいくら残虐宣伝をしたって、そんなものは大した力がないということはよくわかっています。

受講者4　ウクライナ問題についてなんですけど。二〇一六年二月二六日の日本経済新聞で、ウクライナ国内のロシア正教の人たちが、ウクライナ版の正教会をつくって独立をすると報じていましたが。

佐藤　その動きは昔からあります。首謀者はキエフ府主教のフィラレートという人で、彼はロシア正教会に属していたときもキエフの府主教でした。彼は本当は独身でなければいけないはずなのに、女房が三人に子どもが十何人もいる腐敗神父として有名でした。それがソ連分裂のときに独立のウクライナ正教会というのをつくった。今度できる教会もその系統のグループです。今、ウクライナは、そういう意味では三つ巴になっています。一つはロシア正教会、もう一つはウクライナ正教会、それから三番目が「帰一教会」。だから、別にウクライナ独自のウクライナ正教会は、全然珍しいことではありません。日経新聞の記者は正教のことをよく知らないから、新しい現象だと思ってびっくりしているだけで、昔から独自の正教会はあります。もっと言えば、もっと複雑でたくさんあるんです。コンスタンチノープルの総主教座についている正教会もあるし、ニューヨークに府主教をもつ亡命正教会の系統の教会もある。そういうワン・オブ・ゼムの中で分派がいくつもできてくるということは、しょっちゅうあるんです。だからウクライナの政治にも、世界の宗教情勢にもほとんど影響を与えない話です。

受講者5　できれば二つうかがいたいです。一つはテロと宗教の関係についてです。二〇〇一年の9・11以降、政治が宗教を悪用しているという見方がありました。私もそう思ってたんですけど、今のサウジとイランの関係は明らかに宗教戦争になってきています。その違いはどこなのかというのが一つ。

もう一つは、『官僚階級論』（にんげん出版）の中で佐藤さんが、日本では『古事記』とか『日本書紀』から日本の古来のアイデンティティを研究するのが弱い、先行業績があまりないといって、確かロシアの事例を通して分析をしておられたと思います。その中で日本の古来からのアイデンティティ、社会というものを分析した先行研究として価値があるお薦めの本があれば教えていただきたい。この二つです。

佐藤　後者からいうと、ほとんどありません。逆に気をつけないといけないのは、本居宣長以降のものではないほうがいいのかもしれない。古学とかそちらの系統になると、逆に近代化されてしまっているので。それだから、むしろ水戸学とか、『大日本史』とか、あるいはもう少し古くて『愚管抄』とか、『神皇正統記』とか、そのへんのところの国体観、国家観のほうがおもしろいんじゃないでしょうか。丸山眞男が晩年に日本の古層ということで、『古事記』分析をやろうとしましたが、それは中途半端になってしまっている。『神皇正統記』の中で、神道のことわりは、言挙げをしないところに特徴があると言って、理論化しないのが自分たちの理論の特徴なんだと言った。でもこれは珍しい考え方ではありません。否定神学という考え方がそうです。

それから9・11以降の宗教が悪いんじゃなくて政治に問題があるんだということは、たぶんそう言ってる人自身も信じてませんよ。近代的な一応の政教分離を前提とした上で問題を処理するというレトリックを使っているだけです。確かにイスラム全体が悪いわけではないけれど、ではなぜイスラム教スンナ派のハンバリー法学派からは、あんなに極度にトラブルばかり起きてくるのか？　それはイスラム教のドクトリン（教義）に問題があるからです。

政教分離的な発想は、ヨーロッパのカトリックとプロテスタントが血で血を洗う戦争をしたところから出てきました。両方とも勝てないということがはっきりした以上は、もうお互い触らないでおこう。どちらも政治権力を取るのではなく、政治権力は第三の世俗的な論理で運営させないと、俺たちの殺し合いは永遠に続く。これは消耗戦だということで暫定的に出てきたルールです。

宗教にも、いろんなタイプの宗教があります。たとえば神道。あれは基本的に祭儀宗教だから、儀式に参加してそこで祓いを受ければいいわけです。ロシア正教にもそういったところがある。

ところが宗教の中には世界観的な宗教があるんです。人生観、生命観、人間観、全部包んで、宗教が中心になって生きるという宗教。そのなかでも、この世の価値をあまり認めないで、来世、あの世に価値を認めるという宗教がある。この世よりあの世に行くことにウエイトを置く彼岸性の宗教と、この世にウエイトを置く此岸性の宗教がある。近代で支配的になっているのはこの世にウエイトを置く宗教、すなわちプロテスタンティズムの中のカルバン派に範をとる人たちで、その人たちの影響をカトリックのモダニズムなども受けているし、そういう前提になっています。仏教の世界で言うなら、此岸性を重視するのは親鸞の系統ではなく、日蓮の系統の人たちです。

此岸性を重視して、しかも全体的な世界観を持つという人は、政治と宗教が分離しても、価値観においては一致するわけです。だから完全には離れない。そうするとここは虹のスペクトルで、政教の分離と言いつつ、価値観において別々の形で一致している。ルターなんていうのは「右の手と左の手」と言うわけでしょう。右の手が宗教なら、左の手は国家で、お互いに干渉しない二王国なんだと言うんだけど、一つの身体の中で動いているわけだから、究極には一個になるわけです。だから世界観型の宗教の場合は、必ず神権政治の問題が出てきます。

それでイスラムの場合は、人権の思想というものはどうなっているか。もちろんシーア派やトルコやインドネシアのイスラムはそのへんをかなり吸収しています。ところがアラビア半島のスンナ派のハンバリー派は、人権と神権が未分化で、神権に人権が吸収されてしまっている。ある意味ではキリスト教の中世までの考え方が、そのまま残っているわけです。そうすると、「政治は悪いけど宗教はいい」なんてことは言えません。乱暴に言うと、ああいう宗教だからああいう政治になる、ああいう宗教だからああいうテロが出てくるということです。

ですからイスラム教とそれ以外の宗教の和解や共存というのは、実はそんなに簡単な話ではありません。せいぜいできるのは棲み分けぐらいでしょう。最終的には、「一定の領域で勝手にやってください、あとは知りません、こちらには来ないでください」というふうになるのではないでしょうか。

今、それを極端に表しているのは誰でしょうか？　ドナルド・トランプです。こちらに来ないでください、出てってください。その代わり、われわれも中東には出ていきません。一緒にいたって軋轢が増えるだけだから、棲み分けませんかと言っている。一見、トランプは過激なことを言っているようだけれど、実は現実的な提案をしているとも言えます。

もし彼が権力をもったら、中東にはもう軍隊も出さないし、たぶん日米安保も駐留なき安保になる可能性があると思います。「いやいや、日本は独立国でしょ。日本の保守派の皆さんが、自分の国は自分で守るというのはもっともなことだと思います。どうぞそうしてください。アメリカは頼まれて、なおかつアメリカの国益に関係するときは来ますけれど、それ以外はどうぞご自分のことはご自分でやってください。思いやり予算も別にいりません」ということになる。

それでアメリカは何をやるかといえば、たぶん、ベネズエラに圧力をかけると思います。「中南米と北米は全部俺たちの言うことを聞け」というわけです。ですからたぶんトランプ大統領になって関係が緊張するのは、メキシコ、ブラジル、カナダ。この三国との関係はものすごく緊張するでしょう。なぜならば、今、南北アメリカではその三つの国がきちんとした発言ができる力があるし、経済的な基礎体力もあるから。

だからトランプ現象は決して異常な出来事ではなく、トランプ氏も常軌を逸した人ではありません。マッキンダーを思い出してみてください。南北アメリカは世界島から外れたところにあるわけです。だからトランプに言わせれば、「地政学とかいう世界は、ヨーロッパの皆さんの世界の話でしょ。われわれアメリカ人はそういうところから逃げてきたんです」ということになる。

「アメリカの間違いはユーラシアの地政学、世界島の地政学に関わってしまったこと。だからルーズベルト大統領以降の、この間違いを正します。アメリカはアメリカのことだけやります」という考え方です。

だからトランプを支持している人たちは、「最近、外国はどこに行きましたか」と聞くと、「テキサスからニューヨークに行きました」と答えるような人たちが多いわけでしょう。ユナイテッド・ステーツ・オブ・アメリカだから、一つ一つが国だというわけです。アメリカ人ってパスポートを持っていない人がほとんどなんだから。それで、南部のほうに行くと、三リットルジョッキのレギュラーコークを片手に抱えて、左手にはポテトチップスを抱えて思い切り飲んで食って、UFOの話をしているというような人たちがいっぱいいる。彼らを支持母体にしているトランプはやっぱり強いんですよ。だから私はトランプ現象に非常に関心を持ちながら見ています。彼はある意味では地政学に適ったアメリカにしようとしています。

ただ、もしトランプが大統領になれば、世界の大混乱の引き金になるでしょう。どうしてかというと、いままでアメリカはうるさすぎるぐらい世界のあちこちに手を出していた。それをトランプが急に手を引くために、あちこちに空白ができてしまうから。そうしたら、そこは「国盗り物語」になりますよ。

それから日本の周辺でいうと、朴正熙の時代に韓国は核をつくろうとしていたのを、アメリカが圧力をかけてやめさせたわけです。その蓋が外れたら、始めるかもしれない。でも、どの国もプルトニウムの抽出技術は足りないし、ウランの原石を韓国に与えない。遠心分離機のつくり方も教えない。となると、韓国の苛立ちは高まる。実は日本は技術は十分あるから独自に遠心分離機をつくっています。プルトニウムの抽出はフランスの技術を使っている。そこから出てくる高濃度の放射性廃棄物、そばにいると一五秒ぐらいで死んじゃうような放射性廃棄物に関しては、それをちゃんとガラスで固める技術も、他の国は持ってないけれど日本は持っている。そういうことを考えてみると、やっぱり韓国の苛立ちは今後もっと高まっていくでしょう。

受講者5　じゃあ、中国はトランプを支持しているんでしょうか。

佐藤　中国もロシアもトランプを支持しています。もし中国がトランプの会社でビルを建てると言うなら、トランプは喜んでそういう技術協力をするし、それで中国との関係も進むと思います。だから金持ち喧嘩せずでやりましょうというのがトランプの発想だと思います。だからトランプ現象って意外と面倒くさいと思います。

では、このへんで終わります。講義のいいところは、本には絶対ならないような人種主義の話とか、ネアンデルタール人の混血の話とか、そういうのがちゃんとできるところですね。あと、船橋洋一さんの批判とかも言えるからね（笑）。それにしても、文春新書の船橋本は、要するに朝日新聞の主筆だったという権威と、『文藝春秋』に連載しているという権威という、権威による説得の典型例です。普通に中学生ぐらいが論理連関を見てみれば、おかしいことはわかるでしょう。だから、それを考えてみると、世の中では相当変な言説が主流になることだって十分あり得るということですね。

あとがき

現在、地政学が地球的規模で流行になっている。ナチスの公認イデオロギーであったことが災いして、二〇世紀の後半、わが国で地政学について公然と論じる有識者はほとんどいなかった。私は、一九八七年八月末にモスクワの日本大使館に着任した。最初の九カ月間はモスクワ国立大学でロシア語を研修し、その後は九一年一二月のソ連崩壊と新生ロシアの誕生を経て、九五年三月まで大使館の政務班に勤務した。ソ連時代の担当は民族問題で、新生ロシアになってからは、内政分析とクレムリン（大統領府）や議会へのロビー活動が主な仕事になった。

ソ連時代からロシアの政治エリートやインテリゲンチヤ（知識人）には、地政学という言葉を口にする人が多かった。最初は、なぜ、ナチスの公認イデオロギーだった地政学をロシア人が口にするのかがわからなかった。親しくしていたソ連科学アカデミー民族学研究所（現在のロシア科学アカデミー民族学・人類学研究所）で、民族・エスニシティー理論を専門とするセルゲイ・チェシュコ副所長に尋ねると、「ロシア・マルクス主義にはかなり早い段階から地政学が含まれている。ゲオルギー・プレハーノフの著作を読んでみるといい」という答えが返ってきた。プレハーノフは「ロシア・マルクス主義の父」と呼ばれた人だが、一九一七年のロシア革命には時期尚早であると反対した。そのために、ソ連で、プレハーノフの著作は禁書にはなっていなかったものの、公然と論じることが憚られた思想家だった。大使館の図書室に、ソ連のプロパガンダ（宣伝）機関だったプログレス出版所から刊行された日本語訳のプレハーノフの著作『マルクス主義の基本的諸問題』（ロシア語版初版は一九〇八年）があったので、精読してみた。確かに地政学的視座が強く打ち出されている。

地理的環境の特質は、人間の需要を充足させるための自然の産物、およびその目的のために人間自身によってつくりだされる生産物の性質を規定する。金属のないところでは、土民は、いわゆる石器時代の境界を自力で越えることはできなかった。これと同様に、原始時代の漁人や猟人の牧畜および農業への移行にとっても、地理的環境の然るべき性質が、すなわち、このばあいには然るべき動物相と植物相を必要としたのである。L・G・モルガンは西半球における飼育可能な動物の欠如と、東西両半球の植物相における特殊的差異が、両半球の住民たちの社会発展過程でのいちじるしい相異の原因であった、と言っている。ヴァイツは北米のアメリカ・インディアンについて書いている。

「彼らは家畜をまったく持っていなかった。これはひじょうに重大な事実である。なぜなら、この事情のなかに、彼らに低い発展段階にとどまることを余儀なくさせた主要な原因があるからだ」、と。また、シュヴァインフルトによると、アフリカではある地方が人口過剰になると、住民の一部は移住するが、このさい彼らは時折り、地理的環境にしたがってその生活様式を変えるのである。「それまで農業をいとなんでいた種族は狩猟にたずさわり、牧畜で生活していたものは農業へ移っていった」。彼の言うところでは、中央アフリカの広い部分をしめる鉄鉱石の豊かな地方の住民は、「当然のこととして、鉄鉱石の採掘に従事するようになった」

だが、これだけではない。いろいろの種族は、すでに最も低い発展段階において、若干の生産物を相互に交換し合うことによって、おたがいに交流し合う。このことによって、これらの種族のおのおのの生産力の発展に影響をあたえる地理的環境の限界は広げられ、その発展の速度がはやめられる。だが、このような交流が発生し維持されることの難易の度合いもまた、地理的環境の性質に依存することは明らかである。

（川越史郎訳、六六－六八頁）

レーニンとは明らかに異なる生態系的歴史観をプレハーノフは持っている。その歴史観の根底にあるのが地理的環境の優位性についての確信だ。さらにプレハーノフは、海・川と山の差異に注目する。

　はやくもヘーゲルは、海と川は人間を接近させるが、山脈は人間を分離させると言っている。ところで海は生産力の比較的高度な発展段階でのみ人間を接近させるのであって、より低い段階では海は、ラッツェルが正しくも指摘しているように、海をへだてて住む種族の交流をひじょうに困難にする。いずれにせよ、地理的環境が多様であればあるほど、それは生産力の発展に好都合であることは疑いをいれない。マルクスは言っている。「社会的分業の自然的基礎をなし、人間をとりまく自然条件の多様性のゆえに自分自身の欲求、能力、生産手段と生産方法を多様ならしめているのは、土地の絶対的豊饒性ではなく、その差別性、土地の自然的産物の多様性である」。ラッツェルはマルクスにつづいて、おなじ意味のことをほとんどそのままくりかえす。「主要なことは、食料がこのうえもなく容易に得られることではなくて、一定の志向、習慣、そして欲求が人間のなかに呼びおこされるということである」

　このように、地理的環境の性質は生産力の発展を条件づけ、生産力の発展はそれとして、経済関係、ついで他のすべての社会関係の発展を条件づける。このことをマルクスはつぎのように説明している。「生産力の性格にしたがって、生産者相互の社会的関係もまた変化するし、彼らの共同活動の条件および生産の全過程への彼らの参加も変化する。新しい戦争用具、火器の発明とともに、軍隊の内部組織全体も、おなじくまた、軍隊を構成する人間が依って立ち、そのおかげで軍隊を組織された全一体としている相互関係全体が変化し、ついには、まるまる一つの軍隊の相互関係もまた変化した」

（前掲書六八 - 六九頁）

「海と川は人間を接近させるが、山脈は人間を分離させる」というのは、地政学的発想そのものであるし、「地理的環境の性質は生産力の発展を条件づけ、生産力の発展はそれとして、経済関係、ついで他のすべての社会関係の発展を条件づける」というのも、地政学とマルクス主義の結合である。

ソ連とロシアで身に付けた地政学的思考をもとに、晶文社とタイアップして池袋コミュニティ・カレッジで五回（二〇一五年一〇月七日、一一月四日、一二月二日、二〇一六年二月三日、三月二日）に連続講義を行った。このときの講義ノートと講義録が本書のもとになっている。

本書を上梓するにあたっては、晶文社の安藤聡さん、フリーランス編集者の長山清子さんにたいへんにお世話になりました。どうもありがとうございます。

二〇一六年六月二九日、曙橋（東京都新宿区）の仕事場にて　佐藤優

関連書籍リスト（順不同）

プレハーノフ『マルクス主義の基本的諸問題』プログレス出版所、モスクワ、一九七五年
H・J・マッキンダー（曽村保信訳）『マッキンダーの地政学――デモクラシーの理想と現実』原書房、二〇〇八年
アルフレッド・T・マハン（北村謙一訳）『マハン海上権力史論』原書房、二〇〇八年
曽村保信『地政学入門――外交戦略の政治学』中公新書、一九八四年
佐藤優『使える地政学――日本の大問題を読み解く』朝日新書、二〇一六年
船橋洋一『21世紀　地政学入門』文春新書、二〇一六年
山内昌之／佐藤優『新・地政学――「第三次世界大戦」を読み解く』中公新書ラクレ、二〇一六年
エドワード・ミラー（沢田博訳）『オレンジ計画――アメリカの対日侵攻50年戦略』新潮社、一九九四年
宮家邦彦／佐藤優『世界史の大転換――常識が通じない時代の読み方』PHP新書、二〇一六年
ジョージ・フリードマン（夏目大訳）『新・100年予測――ヨーロッパ炎上』早川書房、二〇一五年
ロバート・D・カプラン（櫻井祐子訳）『地政学の逆襲――「影のCIA」が予測する覇権の世界地図』朝日新聞出版、二〇一四年

著者について

佐藤 優（さとう・まさる）

作家、元外務省主任分析官。1960年生まれ。同志社大学大学院神学研究科修了後、外務省入省。在英国日本国大使館、在ロシア連邦日本国大使館などを経て、95年より本省国際情報局分析第一課に勤務。主任分析官として対ロシア外交の最前線で活躍。2002年背任と偽計業務妨害容疑で東京地検特捜部に逮捕され、05年執行猶予付き有罪判決を受ける。09年最高裁で有罪が確定し、外務省を失職。13年執行猶予期間を満了し、刑の言い渡しが効力を失う。05年に発表した『国家の罠　外務省のラスプーチンと呼ばれて』で第59回毎日出版文化賞特別賞受賞。06年『自壊する帝国』で第5回新潮ドキュメント賞、第38回大宅壮一ノンフィクション賞受賞。著書に、『いま生きる「資本論」』『いま生きる階級論』『危機を覆す情報分析』『資本主義の極意』『動因を探せ』『組織の掟』『使える地政学』など多数。

犀の教室
Liberal Arts Lab

現代《げんだい》の地政学《ちせいがく》

2016年7月30日　初版

著　者　　佐藤 優

発行者　　株式会社晶文社
　　　　　東京都千代田区神田神保町1-11
電　話　　03-3518-4940（代表）・4942（編集）
URL　　　http://www.shobunsha.co.jp

印刷・製本　株式会社太平印刷社

ISBN978-4-7949-6826-5 Printed in Japan